나의 스무 살 거울엔
잃어버린 네가 산다

나의 스무 살 거울엔 잃어버린 네가 산다

rnr헌

주의것

prologue

옷은 촌스러웠지만
얼굴엔 빛이 있었지

1.

어느 나이가 특별하지 않겠느냐마는,

스무 살은 특별히 특별한 나이다.

스무 살에는 말과 행동 모든 것이 어설펐다.

옛 사진을 꺼내어 보면 옷차림부터 촌스럽다.

하지만 얼굴에는 빛이 있던 때였다.

성취나 소유 때문에 주목받는 것이 아니라,

스무 살이라는 그 빛만으로 시선을 끌던 때였다.

인생에 있어 스무 살은, 대단한 일을 하지 않아도

그 자체로 빛나는 순간들 가운데 하나다.

옷보다 얼굴이 아름다웠던 것만 아니라,

마음의 순수와 태도의 소박함에서도 훌륭함 있었다.

서른이 되고 마흔에 이르면서

가진 것은 늘어나지만,

꿈과 열정으로 타오르던 빛의 세기는 약해진다.

역사를 기억하지 않는 민족처럼,

그런 역사가 존재하지 않았던 사람처럼 사는 자신을 본다.

다시 그 빛과 만날 수는 없을까?

다시 그 빛을 일으킬 수는 없을까?

다시 그때처럼 빛날 수 있을까?

내가 찾은 방법은, 나의 스무 살과 '재회'하는 것이다.

나의 스무 살 거울 앞에 서서

그 안에 있는 존재를 바라보는 것이다.

스무 살을 지나온 누구나 한번은 스무 살이었기에,

누구나 자기의 스무 살과 재회할 수 있다.

스무 살의 나를 만나는 것은

오늘의 소중함을 더 절실히 느끼게 도와줄 것이다.

어떤 만남은 많은 말과 이벤트가 필요하지 않고

그 만남만으로 불꽃이 튄다.

'나의 스무 살'과의 만남이 그런 종류다.

2.

이 책은 고등학교 시기부터 스무 살을 통과, 꿈을 찾아 떠나고 방황하는 이십 대 초중반까지를 그 시간적 배경으로 삼는다.

내가 경험했던 고등학교 3년은 대입이란 주제로 점철되어 있기를 요구받는 것이었다. 따라서, '나는 누구인가? 나는 어떠한 삶을 바라는가?' 등의 질문은 물을 새도 없이 하나의 정해진 길로 던져질 운명이었다.

이런 세상이 누구의 세상이고, 누구 좋으라는 세상인지 나는 물었다. 하라고 해서 하는 인생이 아니라, 하고 싶어서 하는 인생이기를 원했다. 남들이 원하는 삶이 아닌, 내가 원하는 삶이어야 한다고 느꼈다.

그러던 중 음악에서 그 길을 발견, 음악을 가지고 내 식대로의 삶을 만들어가기로 결심했다. 고등학교 졸업 후 기타를 들고 호주 시드니로 떠나 뮤지션으로서 내가 꿈꾸는 세상을 이룩하기로 하면서 이야기는 펼쳐진다.

책은 친구들이 보는 인터넷 게시판에 글을 올리는 형식으로 진행된다. 게시판에는 공개글과 비공개글이 섞여 있는데, 독자는 그 두 종류의 글을 모두 열람할 수 있다.

비공개글은 혼자 보려고 써 두었던 "꼴찌의 꿈"이라는

습작과, 주변으로 주고받은 이메일들로 구성된다. 비공개글에는 자물쇠 표시가 붙어 있다. 공개글에는 친구들과 선생님들이 단 댓글이 나온다.

그렇게, 스무 살의 흔적들을 되살리고자 했다. 그 흔적들에서 오늘이 나왔다면, 그것과 재회할 때 오늘에 관한 더 깊은 통찰과 오늘을 향한 더 진한 애정을 얻으리라 생각한다.

나만의 꿈 같은 건 생각해볼 틈도 없이 압박에 시달리며 흔들리는 스무 살님들과, 진작 스무 살을 떠나보내고 한때 그런 시절이 있기는 있었는가 하며 초라한 마음으로 오늘을 급급히 살아가는 나와 같은 벗님들께, 조금이라도 용기가 되기를 바라는 마음에 나도 용기를 내어 이제 책을 내보낸다.

rnr헌

자유게시판
>>>

prologue　　　　　　　　　　　　　　　　　　　　　　　4

번호	제목	쪽
1	꼴찌의 꿈 #1	10
2	꼴찌의 꿈 #2	23
3	니가 좋아하는 일을 하는 게 옳다는 걸 믿어	31
4	그러나 없어지면 보이기 시작하는 것들	38
5	꼴찌의 꿈 #3	45
6	정말 힘든 순간에서 천사가 마중을 나와	55
7	낮은 곳에도 꿈만 있다면 빛이 비추고	62
8	1의 해충이 99층 공든 탑을 무너뜨릴 때	67
9	어떠한 스무 살에서 어떠한 어른이 나오나	73
10	네가 무엇이기 때문이 아니라 무엇이든 간에	79
11	뜻대로 되지 않고 또 안 되기를 계속하여도	86
12	Re: 가고 싶지 않은 길을 왜 자꾸 가고 있는지	89
13	혼자만의 꿈은 있어도 혼자만 하는 꿈은 없어	94
14	자나 깨나 헛소리	101

번호	제목	쪽
15	열심히 산다는 거 그 자체로 성공일까요	111
16	musician 아들에게	116
17	Hi… we are a blues band	118
18	아빠는 못 한 거 네가 잘 해다오	122
19	장소는 바뀌어도 바뀌지 않는 것	127
20	Re: 장소는 바뀌어도 바뀌지 않는 것	132
21	생활이라는 인생 과목	134
22	스무 살에 늦은 것이 있다고 한다면	139
23	영하 20도에 눈까지 내려도 네 길을 가라	143
24	Re: 자전거와 텐트, 기타 그리고 유럽	146
25	Re: Re: 자전거와 텐트, 기타 그리고 유럽	151
26	꼴찌의 꿈 #4	159
27	나의 스무 살이 너의 스무 살에게	168

epilogue		174
스승님의 추천사		182
부록		184

꼴찌의 꿈 #1

rnr헌 | 조회 0 | 11:24　　　　　　　　　　댓글 0

고등학교란 내게 한마디로 '왜?'였어

안녕, 중학교 때만 해도 나는

부모님 눈초리와 회초리가 무서워서

공부 좀 하는 학생이었어.

하지만 고등학교에 와서는 공부를 손에서 놓아버렸지.

이유 없이 그렇게 한 건 아니야.

부모님이 아닌 내가 원하는 게 무엇인가,

하는 고민을 시작하면서 그렇게 한 거야.

고등학교 처음 가면 학교 클럽에 가입하잖아?

설레는 마음으로 사진부에 들기로 했지.

회원들 만나는 첫날이었어.

신입생들은 시청각실로 모이라는 선배의 말이 있었지.

가니까 선배들은 신입생들에게,

"자, 모두 앞으로 나와서 한 줄로 서. 그리고 한 명씩 자기소개를 해봐."

결국 내 순서가 왔고, 내가 누구인지에 대해 이야기해야 했어.

"안녕하세요. 저는 이번에 새로 들어온 rnr헌입니다. 저는...... 아...... 흐음...... 그러니까......"

말을 잇지 못했어.

내가 무엇을 좋아하고 어떤 꿈을 가지고 있는지 제대로 생각해본 시간이 없었기에,

아무 말 못 하고 쭈뼛쭈뼛 서서 시간을 보냈던 거야.

이때부터 내 안에 질문이 시작되었고, 매일 그 질문으로 고민했어.

가령 이런 것들이야.

'지금 나의 이 삶은 내가 원하는 삶인가?'

'나를 특징지을 수 있는 것이 무엇인가? 남과 전혀 다를 것 없는 나라면 나는 누구인가?'

'이러한 질문이 없이 산다면 어떤 미래가 날 맞이할까?'

그때까지 나의 삶은 부모님이 원하시는 대로 인도되어 왔기에, 나 자신에 대해 생각할 기회가 별로 없었던 거야.

그러다 보니 어느 순간인가 소위 명문대에 들어가는 경쟁의 파도에 휩쓸리며 허우적대는 나를 발견했어.

그 파도에 빠진 건 물론 내 발로 뛰어들었기 때문이지. 하지만 그 경쟁의 바다로 나를 끌어들인 건, 내가 원하는 게 무엇인지 생각해볼 틈도 주지 않은 채 이름난 대학에 가는 것이 더 좋은 삶의 보증수표라고 착각하게 만든 세상 분위기 때문이기도 해.

그럼에도 인생은 각자가 책임지는 거지. 자녀의 인생을 부모님도 누구도 대신 살아 줄 수도 또 책임져 줄 수도 없잖아.

이후로 내가 원하는 그 어떤 것, 딱 꼬집어 말할 수는 없지만 캄캄한 어둠 속에서 어렴풋이 느껴지는 그 어떤 것을 찾아 나서기로 했어. 그것을 발견해 거기 모든 힘을 쏟기로 한 거야.

내가 그것을 찾으려 했을 때 그것이 나를 찾아왔다

그때 음악이 찾아온 거야.

팝송과 락, 블루스에 심취한 나는 결국 부모님께 말씀을 드렸지.

음악을 해야겠다고 말이야.

두 분 다 펄쩍 뛰셨는데, 특히 아빠가 그러셨어.

"우리 집은 문과 집안이다. 음악을 한 사람은 하나도 없었다."

 부모님이 그렇게 말씀하셔도 전혀 이상하지 않았던 것은, 나는 음악의 "음" 자도 모르는 음악치였거든.

 음악의 길을 가는 사람들은 보통 10살도 되기 전부터 악기를 시작하는데, 그에 비하면 늦어도 너무 늦은 출발이었겠지.

 해본 적도 없는 걸로, 가본 적도 없는 길로,

 다만 그게 좋아서라면서 그리로 가서 잘해보겠다고 하니,

 현실적으로는 좀 말이 되지 않았겠지.

 부모님의 거센 반대가 음악과 나의 사랑을 막을 순 없었어. 반드시 음악을 하겠다고 다짐했지.

 ……

 그런데 현실은 말이지,

 국영수사과에 음악보다 더 많은 시간을 쓰도록 짜여 있었다니까.

 배우고 싶어도 어떻게 배워볼 길이 막혀 있던 거야.

 하지만 장벽이 등장할 때마다 굳게 마음을 먹었어. 학

교 공부가 음악에 장애물이 된다면, 음악을 위해 나는 학교 공부에 장애물이 되어주겠다고.

방황은 자유롭게 꿈을 그려보는 도화지

이후로 내 가방엔 음악 시디 몇 장 그리고 영어책 한 권이 전부였어.

자, 영어만 빼놓고 어떻게 나머지 공부들을 혼내줄 수 있을까?

우선 수업시간에 보란 듯 잠을 잤는데, 그 정도는 양호한 거였어. 몰래 도시락을 까먹고 선생님 목소리 대신 이어폰에서 나오는 가수의 목소리를 듣곤 했기에, 차라리 잠을 자주는 것이 선생님께 대한 예의였거든.

다음으로 밤 9시, 10시까지 하는 자율학습은 어떻게 빠져나갈지 머리를 회전시키는 시간이었어.

때로는 담장을 넘기도 했는데, 학교를 탈출하면 보통 동네 노래방으로 갔어. 주인아저씨와 의형제를 맺었거든. 200ml 우유 한 팩 가져다주고 두 시간씩 마이크를 잡곤 했지.

그런데 놀러 가는 게 아니라 꿈을 이루고자 연습하러 가는 거였어. '나는 음악을 하고 있다'라는 기분으로 말이야.

학교보다 노래방이 나의 꿈과 더 가까이 있었던 거지.

그러니 학교 성적은 어땠을까.

고2 때는 반에서 남자 꼴찌도 해봤어. 운동부 포함.

고3 때부터는 모의고사 전날이면 일부로 밤을 새우고 학교에 갔어. 안 그러면 시험시간에 잘 잠이 부족하거든.

귀에 이어폰을 꽂고 의자에 앉아 책상에 엎드려 있으면 시험지와 답안지가 머리 곁에 툭 떨어져.

그럼 먼저 OMR 답안지만 보고 거기에 예쁜 문양을 새기면서 시험을 끝내.

그다음에는 시험지를 펼쳐서 그 위에 써 내려갔어, 언젠가는 꼭 이루고 싶은 멋진 일들을. 내가 인생에서 진정 이루기를 바라는 아름다운 일들을.

그런데 아무리 찍어도 빵점은 안 나오더라.

다 맞추기도 어렵지만, 다 못 맞추기는 더 어렵다니……

일등보다 어려운 게 꼴찌라는 걸 알게 되었지.

꼴찌에겐 뭔가 특별한 게 있어.

너도 모르는 너의 모습을 만나는 경험

고등학교 시절이 그냥 우울하기만 했던 건 아냐.

희망을 비추어주는 경험도 있었지.

고2 겨울 방학에 컴퓨터로 학교를 검색해서 영국으로 어학연수를 가본 적이 있어.

부모님과, 친구들과 잠깐 떨어지게 된 거야.

생판 모르는 곳에서 남의 나라말을 쓰고 지내는데……

신기하더라. 엄마가 밥해주시고, 빨래해주시고, 방을 청소해주시고 할 때는 못 느꼈는데, 이제 밥도, 빨래도, 청소도 내가 해야 하니 시간 관리 능력이 생기고, 시간 귀한 줄을 알게 되더라니까.

스스로 하니까 하루하루가 즐거워지디군.

즐거우니까 귀중히 알아 사용하게 되고.

그러니 산다는 것이 재미있고 또 의욕이 솟고.

'내게 이런 모습이 있었다니……'

온실 속에 있을 때에는 보이지도 들리지도 않았는데,

들판으로 나와 자유로운 공기를 마시니

그때까지 감춰져 있던 것들이 드러나기 시작한 거야.

내가 원하는 나의 모습을 힐끗 본 장소는, 부모님과 멀리 떨어진

'혼자로서의 들판'이었던 거지.

열심히 공부하고 외국 친구들도 사귀고 한국으로 돌아왔어. 영국에서 익혔던 좋은 습관들을 한국에서도 실천하

려고 했지.

그런데 온실로 돌아오니 다시 옛 습관이 지배하더라.

온실이라는 환경을 바꿔보려 애를 써봤는데, 별로 바뀌는 건 없더군.

음악에 대한 꿈을 간직하는 것 외에는 할 수 있는 게 없더군.

외부에 매인 인생에서 내부로부터 뻗어가는 인생이기 위해

고3이면 대학에 가야 하는 부담이 따라다니잖아?

토익 점수로 수시를 지원해서 모 대학 영문과 면접을 보았어.

앞에 앉은 교수님 서넛은 내게 꿈이 무어냐고 묻더군.

꿈!

참 오랫동안 고민해온 주제니 나는 기다렸다는 듯 자신 있게,

뮤──지션이라고 했어.

"네? 뮤지션이 꿈인데 왜 여기 왔습니까?"

라며 황당한 얼굴을 하시더군.

"왜요? 뮤지션은 문학과 오지 말란 법 있나요? 이거 누구네 법인가요?"

라는 대답은 나중에서야 생각나더군. 여하튼……

영문과 지망생의 꿈이 뮤지션이란 말에 당황한 교수님들 때문에 당황한 나는 뭐라고 얼버무려야 했지. 그러자 이번에는,

가장 감명 깊게 읽은 책이 뭐냐고 묻더라. 그래, 영문과 면접이니까.

드래곤──볼이라고 했어.

뻣뻣한 분위기에 웃음 좀 끼얹어주고 싶었던 거 같아.

면접관들 얼굴은 웃음이 아니라 일그러짐이었지만.

그렇게 나의 수시 입학은 실패로 끝났고, 몇 개월 뒤 수능 시험을 치러야 했지.

수능 전날 후배들이 시험장 학교까지 와서 선배들 시험 잘 보라며 밤새워 응원하잖아?

나도 후배들과 같이 응원을 했어. 함께 밤새고 수능 날 아침 버스를 타고 시험 장소로 이동했지.

그 순간에도 내가 원하는 삶에 대한 고민과 갈망이 끊이지 않았어.

……

뮤지션이 되고 싶은데……

뮤지션으로 살고 싶은데……

스무 살이 되어 고등학교를 떠나기 전까지는

나의 꿈은 접어두고 남의 일을 해주는 시간인가?

진정 원하는 것은 뒤로하고,

그리 원하지도 않고 관심도 없는 것을 위해

황금 같은 청춘을 헌납해야 한다니!

그건 마치, 나와는 아무런 상관도 없고 또 일절 관심도 없는 어느 사람의 잘난 척을 들어주고 있느라

정작 사랑하는 사람과 보내야 할 가장 비싼 시간을 빼앗기는 것과도 같다.

그런 장면은 한 시간도 고역인데, 한 달도 아니고 삼 년을 그렇게 바치라니!

내 청춘의 삼년상이라도 치르고 어른이 되라는 거야?

"이거 누구네 법인가요?"

"누구 좋으라는 세상인가요?"

……

두 번 없을 젊은 날에는 꼭 해보고 싶은 일들이 있지.

난 다른 건 필요 없고 음악만 제대로 배워보고 싶었을 뿐이야.

하지만 음악을 배우려면 우선 국영수사과에서 높은 점수부터 받으라니……

만약 꿈이 카레이서라면 왜 자율학습을 하고 앉아 있는 거지?

만약 꿈이 기타리스트라면 왜 국영수사과를 기타보다 먼저 잘해야 하는 거지?

고뇌의 쓴맛 끝에서야 희망의 단맛이 발견되다

고2 때 영국에서의 기억들이 떠올랐어.

새로운 나를 다시 발견해보고픈 갈망이 솟았어.

다른 과목 성적과 상관없이, 딱 음악을 향한 열성만 보는 학교는 없을까?

졸업이 다가오던 어느 날 유학박람회에 간 적이 있어.

거기서 호주에 있는 한 음악대학을 알게 되었지.

수능 점수는 크게 상관이 없다더군. 배움의 열의만 있다면 일단 와서 배우는 것이라고 했어.

세상에는 '잘해야 들어가는 학교'도 있지만,

'들어가서 잘하게 도와주는 학교'도 있다는 걸 알게 된 거지.

이후로 부모님과 사생결단을 냈어. 여기에 가서 음악을 배우겠다고 말이야.

고등학교 3년 내내 아들 때문에 속이 시꺼멓게 되셨던

부모님께서는, 부모로서 자식에게 베푸는 마지막 은혜라면서 유학길을 허락하셨어.

3년 투쟁의 결과로 호주에서 음악 공부하는 길을 쟁취한 건가……

입학 시험은 데모 시디를 학교로 보내서 심사를 받는 거였어. 당시 기타로 로망스밖에 칠 줄 몰랐던 나는 일단 보컬로 입학시험에 도전했지.

그런데 그때는 데모 시디란 게 뭔지 잘 몰라서, 노래방에 가서 500원을 주고 김현식과 봄여름가을겨울의 노래 몇 곡을 카세트테이프에 녹음해서 호주로 보냈어. 다행히 합격 통지를 받았고.

호주 가는 날 공항에는 초등학교, 중학교, 고등학교 친구들이 나와서 작별인사를 해주었어. 내가 친구들 하나는 잘 사귀었지.

떠나면서 생각했어.

'이제 혼자가 되는구나. 가면 한국 생각은 하나도 안 날 거야.'

추억의 주인공들아, 우리 다음 페이지에서 만나!

꼴찌의 꿈 #2

rnr헌 | 조회 0 | 14:19   댓글 0

고1이라는 세계

고등학교에 갔다.

몸은 분명히 학교에 있다.

하지만 마음은 딴 데에 있다.

어쩌면 아무 데도 없었을지도.

마음이 없다?

왜 하는지 알지 못한 채로는

공부할 마음은 없었다.

그런데 왜 주위에는 공부밖에 없지?

자율 학습은 또 뭔가?

아침 8시까지 학교에 가준 것으로는 부족해서

밤 10시까지 학교에 앉아 있어야 한다?

잠깐……

왜 이런 세상에 갇혀 있어야 하지?

이거……

진짜 도움이 되기는 되는 거야?

내가 무엇을 좋아하는지 묻지도 않고,

나란 놈의 개성은 어떤 것인지 알려 하지도 않고,

던져주는 식의 공부만 넙죽 받아먹으라고?

……

두려웠다.

우리가 다 똑같은 인간이 되어버리란 예감에 두려웠다.

정신 바싹 차려야 하는 상황에 몰리니

지금까지 몰랐던 것들에 대해 생각하게 되고

지금까지 전혀 생각 안 해봤던 걸 생각하게 됐다.

나의 길을 찾아야 한다는 열의가 솟아올랐다.

그러자 부모님과 선생님의 얼굴도 솟아오르며

두려운 마음 또한 그림자처럼 추격해왔다.

하지만 내 의사를 관철시켜야 하는 상황.

극복할 수밖에……

시키는 대로 하면 찍히지야 않겠지만, 싸우지야 않겠지만,

그렇게 하자니 마음속에서 끓어오르는 이 느낌은 뭔가.

정말 그럴 순 없다는, 그래선

안 된다는 이! 느! 낌!

내 영혼의 흐! 느! 낌!

갑자기 뭔가가 하고 싶어진다.

뭐라도 나만의 것을 해야 할 것 같다.

하지만 나만의 것이라고 할만한 게 없다.

대체 '나'는 누구인가?

'나'는 어떤 인생을 원하고

어떤 인생은 원하지 않는가?

……

세상을 상대로 힘든 투쟁을 전개하려는 내게

노래는 존재의 생명줄이 되어주었다.

노래 노래 노래——

오직 그것——

그것은 바로 노래——

노래는 바로 그것——

상처투성이 마음에는 노래만이 치료제가 되었다.

가장 귀한 이 노래를 가장 친한 친구 'pop호'에게도 소개했다.

내가 죽자사자 매달리던 그것에 그도 한 손가락 찍어 맛을 보더니 곧 그 맛에 사로잡혔다.

pop호와 나는 고등학교 1학년 초기, 그러니까 새로 들어간 낯선 곳에 잘 적응하지 못하던 그 시기부터 열렬한 음악 사랑을 시작했다.

그는 가요나 팝 쪽을 좋아했고, 나는 락과 모든 오래된 노래를 좋아했다.

우리의 주요 활동 무대는 자율학습 후 새벽 1시부터 2시까지 찻길 옆 공원과 동초등학교 뒷산, 또는 수시로 쳐들어가던 성심노래방이었다.

"한밤에 도로 위로 빠르게 지나가는 차들을 바라보면서 그 소음에 우리의 소음을 합쳐 많은 주민에게 폐 끼치지를 좋아했었지."

"초등학교 뒷산에 올라 어린 시절을 추억하며 밤새껏 소리를 질렀다. 그러면서 앞으로 어떻게 하자고 우리의 앞날을 다짐했었고."

"노래방 주인아저씨랑은 의형제까지 맺어서 노래방에 물이 차면 물도 퍼주고 카운터도 봐주고 했지. 그 형님 덕에 맨날 공짜로 노래를 연습했네."

그렇게 시간은 흘렀다.

주위 환경은 여전히 우리를 압박하고 힘들게 했지만, 우리는 서로 격려하며 음악에 몰두했다.

지금 생각하면, '왜 그때는 그렇게 힘들어했을까? 그게 정말 힘든 거였을까?' 하고 질문이 들 때도 있다.

하지만 그때는 무엇 때문인지도 모르게 마음이 시렸다. 서 있기만 해도 마음이 시려오던 때였다.

그래서인지 작은 것도 힘들게 느껴졌는데, 그럴 때마다 음악과 친구를 찾았다.

서로 만나서 얘기를 하고 마음을 다지면 힘든 걸 잊었다. 오히려 더 강해지고 뜨거워졌다.

그러면서 배운 것은, 어떤 어려운 상황에서도 자기가 사랑하는 것을 추구할 때 그건 즐거운 고생이 되어 자기에게 최소한 아름다운 추억을 선사하고, 나아가 자신을 발전시키는 확실한 방법이 된다는 것이다.

고3이라는 세계

아무리 현실이 힘들다고,

행복하지 않은 건 아니다.

아무리 행복하다고,

현실이 그대로 머물러 있어 주는 것도 아니다.

우리의 이 힘든 생활 안에서의 행복한 순간순간들도,

순간순간일 뿐.

그 행복이라고 하는 것에 그냥 안주해 있으면 안 된다.

세상은 계속 변한다. 주위 환경도 변한다.

시간이 흐르기 때문이다.

우리도 더 어른이 되어간다.

……

투쟁의 힘든 것에도 익숙해지고

음악의 황홀함에도 익숙해져서

그런 것들이 어느 정도 당연하게 되어버렸을 즈음에

고3이 되었다.

   당시는 토익으로 수시 입학하는 것이 유행이라면 유행이었다. 토익을 준비하는 학생은 야밤까지 이루어지는 자율학습을 뺐다.

"저 학원 가거든요?"

   저 한마디만 뻔뻔하게 해주면 정리가 되는 시절이었다.

나도 담임선생님께,

"저 토익 학원 가거든요? 매일 가려고요. 자율학습 좀 빼주세요."

   했더니 의외로 쉽게 OK 사인이 떨어졌다. 싱거울 정도

였다. 어쨌든 드디어 내 시간을 얻었으니 가장 하고 싶었던 일, 즉 기타를 본격적으로 배우기로 했다.

'양갓집 도련님'이어서 꼴찌 언저리의 성적표만 받으시던 부모님 역시 그런 내게 KO를 당해 포기하셨는지, 토익과 기타 학원에 쉽게 OK 사인을 주셨다.

드디어!

마침내!

설렘과 즐거움의 맛봄이 허락된 것이다.

아하하! 웃음의 순간, 승리의 시간이다.

하지만 그것도 잠시.

수능이 주는 긴장감과 압박감은 눈치도 없이 그런 즐거움을 오래 놔둘 줄을 모르고

성큼성큼 눈앞으로 다가와 깃발을 흔들며, 음악을 사랑하는 내게 외쳤다.

"수학을 더 사랑해야 해!"라고.

'제곱킬로미터 계산이 음악에 미친 남자의 운명을 좌우한다니…… 이게 미친 세상이 아니라면 내가 미친 건가.'

나는 pop호와 함께 더 철저히 음악으로 뭉치기로 했다.

다른 친구들이 어느 대학에 원서를 넣어야 하나 고심할 때, 우리는 어떤 곡을 레퍼토리에 넣어야 하나 고심했다.

남들이 수능을 위해 질주할 때, 우리는 뮤지션이라는 딴 길로 뒤처져주기로 했다.

고3을 그렇게 살다니, 정신 나간 도박이 아니면 최소한 어리석은 판단이었다고 말할지도 모른다.

왜 두렵지 않았겠는가. 그러나 남이 좋다는 길을 나도 가야 한다는 건 아무래도 인생의 의심스러운 전제였다. 남들이 말하는 대로 갔다가 나중에 그 삶이 내 마음에 들지 않았을 때 누가 책임진다는 보장 같은 건 전혀 없다. 남이 정해준 곳에서 성공하는 편보다는, 내가 선택한 곳에서 실패하는 편이 인생을 길게 놓고 볼 때에는 더 큰 성공이 될 거다.

남이 좋다는 땅 위에 남이 세워 놓은 대저택에 사느니, 오두막집이나 텐트라도 내가 짓고 싶은 곳에 멋대로 세우고 거기서 희희낙락하는 편을 택하기로 했다.

너의 세계를 찾아 드넓은 바다로 나가.
육지에서는 보이지 않던 새로운 세상은
육지를 떠나야만 만날 수 있는 곳이니까.

니가 좋아하는 일을 하는 게 옳다는 걸 믿어

👤 rnr헌 | 조회 49 | 19:28 💬 댓글 2

  핑계라고 할지도 모르겠어, 하지만……
  니 마음이 더 중요하지 공부가 더 중요하냐.
  니 마음이 뜨거운 게 더 중요하지 학력이 높은 게 더 중요하냐.
  만약 공부라는 것이 다만 스트레스로 미치게 만드는 것이라면,
  난 정반대로 신나게 놀 거야.
  흐르는 대로 흐르는 물.
  누가 그 물을 강제로 반대 방향으로 흐르게 만들려고 하면,
  난 그냥 증발해서 서울 대기 상태나 좀 더 오염시킬래.

공부를 하는 것에 의미가 있어야지……

안 하면 뒤떨어질까 봐, 혼날까 봐,

누가 시키니까 하는 거라면……

음……

난 다른 걸 알아보겠어.

나의 길을 찾아보겠어.

억지로라면, 하겠다는 마음이 없다면,

차라리 너의 맘 가는 거를 해.

태어나서 꼭 해보고 싶은 일에 한 번이라도 도전해보고,

그러면서 쓰러지고 다시 일어서고 하다가 죽어야 그래도 좀 의미가 있지……

남들이 시키고 제시한 것만 따라 살다가 죽으면 그걸 잘한 인생이었다고 할 수 있을까.

우리가 오늘과 내일을 지나 어느 날 결국 눈감아야 할 때,

과연 인생을 제대로 살았었나 돌아볼 때,

"물론!"이라고 대답할 수 있게

지금이라도 우리의 생각을 바꾸자.

더 늦기 전에, 생각이 굳어버리기 전에,

딱딱한 어른이 되어버리기 전에!

지금이라도 생각을 바꾸자. 지금이라면 늦지 않았다.

학교 성적과 부모님, 선생님의 요구나 눈치에 우리의 뜻을 굽힐 필요는 없다.

사회에서 만들어놓은 분위기에 떨다가 자기 길을 찾으려는 한 발을 내딛지 못할 필요도 없다.

고3 때 공부하는 데 시간을 다 투자했다고 대학 가서 인생을 더 잘 사는 것은 아니다.

대학 가면 모든 게 해결되겠지, 하는 기대를 버리자. 똑같다, 똑같아.

좋은 대학 나오면 좋은 직업에 다 해결되겠지? 똑같다, 똑같아.

주변 환경이 아무리 더 좋게 바뀐다고 한들,

자기가 스스로 찾고 선택한 것에 미칠 줄 모르는 사람인 이상!

아무리 그 사람의 겉이 좋게 바뀌어도 그 사람의 속은,

똑같다, 똑같아.

반면에 기타리스트 신중현 같은 사람은 주변의 영향과 상관없이 자기 길을 갔다.

주변으로 인해 힘든 일도 겪지만, 그런 거 때문에 '하겠

다'는 의지는 꺾이지 않았다는 거야.

아무리 힘들어도, 몸이 아프고 부서지고 해도, 마음속 한 줄기 빛!

'나는 음악이 하고 싶고, 음악을 할 거다!'

하는 그 빛을 굳건히 잡고 있던 그는 위대한 뮤지션이 되었지. 여하튼……

자기가 진짜 좋아하는 일이 있다면,

세상이 겁을 주든지, 아니면 악마가 와서 별별 조건으로 유혹을 해도 안 넘어갈 거야.

물론 많은 사람이 자기가 좋아하는 일을 돈과 바꾸어버리는 거래의 실수를 저지르지만……

갈팡질팡하고 어디로 갈지 모르겠다면,

그냥 맘이 이끌리는 대로,

니가 좋게 여기는 곳으로 가.

가다 보면 또 다른 세계, 더 깊은 세계도 알게 될 거야.

그런 식으로 새로운 세계를 하나둘씩 만나가면서

너만의 세계를 한 뼘 두 뼘 만들어나가.

니가 가장 좋아하고 가치 있다 여기는 것들로 말이야.

이때 하나 꼭 믿을 것은,

만약 그렇게 살려고 하면 지금 이 순간부터 미래 어느

때까지는 힘들지 몰라도,

 그 힘든 것보다 몇 배의 얻는 것도 있을 거야.

 물은 증발해도 사라지는 게 아니라

 기체가 되어 하늘 어딘가에는 가 있다지.

 너의 수고도 그냥 사라지는 게 아니라 하늘 어딘가에 가 있다가

 때가 되면 시원한 비가 되어 땅을 적셔줄 거야.

 꿈을 따라 고생을 견디는 너에게 시원한 빗줄기란,

 다만 시간의 문제라고.

 생각해봐.

 결과를 알고 월드컵 결승을 보면 스릴이 있을까?

 결과를 모르는 상태로 응원해야 그게 진짜 응원이지.

 우리의 경기는 지금 한창 진행 중이라고.

 결과를 모른다고 불평할 것도 아니고, 덜덜 떨 것도 아니야.

 그런데 월드컵 결승이 인생이랑 같으면서도 다른 면도 있어.

 게임의 승패가 정해지는 것과 인생의 승패가 정해지는 것에는 차이가 있거든.

 자기가 선하다고 믿는 길로 가는 사람에게는 패배란 것

이 안 돌아가기 때문이야.

아예 패배라는 말이 없어지는 거야. victory만 있는 거야.

왜?

세상의 주문보다 자기의 목표를 선택하며 살았다는 것 자체가 바로 승리였던 거야.

자기 길을 충실히 따라갔다면 위대한 인물이 받는 상도 받을 거야. 시합이 다 끝난 뒤에 뽑히는 MVP처럼.

그니까 고생을 마다하지 말고,

자기가 원하는 방향으로 미치자.

니가 하기 싫은 거에 미치겠지 말고,

니가 하고 싶은 거에 미치자고.

니가 좋아하는 일을 하는 게 옳다는 걸 끝까지 믿어!

믿음의 보상과 결과는 꼭 있다.

너에게 가장 선한 그런 형태로.

하지만 난 보상 같은 거 없어도 좋으니까 그냥 할 거야.

너는?

니가 정말 하고픈 일을 원 없이,

그 원이 다할 때까지,

계속해볼 수 있는 권리나 자유는 없다는 거야?

그래, 니가 좋아하는 일로는 먹고살 수 없다고 말하는 사람들을 나도 알아.

그런데 묻고 싶다. 여러분은 먹고살기 위해 사느냐고.

나는 하고 싶은 일을 하기 위해 산다.

가치 있고, 의미 있고, 재미있고, 보람차고, 가슴 뛰는 일을 원 없이.

그 원이 다할 때까지 내 삶을 다하려고 산다.

니가 니 꿈을 향해 나아간다는데 왜 남들이 떠드는 거야?

근데 남들이 떠드는 그게 너랑은 무슨 상관이라는 거야?

💬 댓글 2

👤 song922miz 20:45
그래, 넌 수능에 관심이 없을 것 같더라. 넌 어떻게 되든 걱정은 안 된다. 잘 살아갈 녀석이니까. 그치만 너나 부모님이나 모두가 만족하는 그런 삶의 주인공이 되면 더욱 좋겠다. 보고 싶지만 너 한국 올 때까지 내가 꾹 참는다.

👤 chohiden 21:10
호주 간다며..... 벌써 갔나? 공부하러 가는 거니까 무엇보다 공부를 열심히 하고, 가끔은 연락해라. 남자가 마음먹고 일을 하면 못 할 게 없으니까 굳게 마음먹고 열심히 살아라. 젊음을 하루라도 헛되이 보내지는 마라. 그게 형의 인사이자 당부다. 그럼 또 연락하마. 안녕!!!

그러나 없어지면 보이기 시작하는 것들

rnr헌 | 조회 35 | 20:14   댓글 2

1.

열심히 공부한다.

열심히 돈 번다.

다음은 다 아시다시피 군대다.

이런 고민들이 왜 이렇게 힘든지……

마음이 자유롭지 못하고

앞으로의 일에 대한 두려움으로 가득 차 있네.

좋은 대학, 나왔다 쳐.

돈, 많다 쳐.

남들이 부러워한다.

남들이 굽신댄다.

남들의 부러움과 굽신거림을 먹고 산다?

그런 부러움과 굽신거림은 언제까지일까?

그 유통기한은 10년일까, 10일일까?

돈이 내 곁에 있을 때까지겠지.

그럼 돈이 있는 게 나쁜 건가?

돈이 있다고 무조건 나쁜 건 아니야.

하지만 돈은…… 마음의 여유 없이 남들이 말하는 성공 하나만 보고 달려가게 만든다는 점에서는 문제다.

공부…… 돈…… 군대……

그다음은 뭐지?

누가 이렇게 정해놓은 거지?

정해진 이 세상에서

정해진 그 길을 벗어나 있는 내 꿈은 허황된 것인가?

'록스타'라는 것도 껍데기? 객기?

아—— 진짜 중요한 게 뭐지?

어떻게 보면 간단한 건데……

어쩌면 인생은 간단한 건데……

"사랑으로 산다!"

이거면 끝나는 건데!

이거면 끝내주는 건데!

이거면 진짜 재밌고

이거면 진짜 흥분되고

이거면 진짜 보람 있고

이거면 죽어도 여한 없고

이거면 천국 직행이고

이거면 우왕좌왕 일 터지고

그 일들 다 사랑으로

시작되고 끝나고

끝나고 또 시작되고

그래서 다시 사랑 사랑 사랑――

……

하지만 장애물!

어떤 욕망이 내 눈을 진실로부터 멀게 하고

그 욕망이 나를 자기합리화 전문가로 만들고

투명한 삶을 살고픈 마음 위에 회색 칠을 한다.

욕심은 나를 사랑에서 멀리멀리 떼어놓는 것이다.

그거――

욕심으로 계속 잡고 있는 그거――

왜 버리지 못하나.

내게는 뭐지?

록스타가 되는 성공인가?

너에게는 뭐지?

……

착각하지 말기를.

버린다는 건 포기한다는 게 아냐.

내가 말하는 버린다는 거는

마음이 그것으로부터 자유를 얻는다는 거야.

나는 기타를 안 치면 불안해.

하지만 그보다는 이렇게 말하고 싶어.

"나는 기타를 치면 즐거워"라고.

내가 사랑하는 기타는 불안을 없애주는 수단으로서의 기타가 아니라,

즐거움과 기쁨을 안겨 주는 친구로서의 기타이길 원해.

그런데 어느 순간부터 기타는

내 마음을 불안이라는 아픈 사슬로 묶어버렸고,

거기에는 남들은 보지 못하는 큰 멍이 생겼다.

2.

고등학교에 던져졌을 때,

남보다 앞서지 않으면 뒤처지리란 불안감……

그것이 우리의 자유를 빼앗아 한쪽으로 몰아가던 그때,

수능의 경쟁 전선에서 내 삶을 바치기보다

내가 바라는 꿈을 향해 생명을 쏟기로 했었지.

졸업하고 이제 꿈을 이루기 위한 길로 들어서니까

다시 경쟁 전선이 내 앞으로 펼쳐지는 거 같았어.

보이지 않는 손이 내 등을 밀어넣는 거 같았어.

남보다 기타를 더 잘 쳐야 뮤지션으로 인정받을 거라면서 말이야.

인정받아야 행복할 거라면서 말이야.

내가 좋아해서 선택한 꿈도 길이 어떠어떠하게 이미 정해져 있다는 듯 말이야.

……

방에 앉아 그 소리에 마음이 휘청이고 있는데,

좀 허전해서 이어폰을 찾아보니 없는 거야.

헉!

바지 주머니에 이어폰을 넣고 세탁기를 돌리다니!

아…… 내 이어폰.

평소 이놈으로 음악을 들었었는데,

밤길을 걸을 때, 새벽길을 나설 때

늘 함께하며 내 맘에 즐거움 안겨 주던 녀석인데……

기타 다음으로 내 보물인데……

익사했다.

물에 빠진 이어폰의 비참한 죽음 앞에서 나는

어찌해야 할 줄을 몰라 허둥지둥도 해보고,

체념한 듯 한참을 제자리에 서 있기도 해보고.

울적하기도 하고, 화가 나기도 하고……

그런데 깨달은 게 있어.

이어폰을 저 세상으로 떠나보낸 뒤 생각해보니

평소 내가 이어폰으로 음악을 들으면서 느끼던 즐거움의 값은,

돈 얼마로 칠 수 없는 것이었더군.

볼륨을 한껏 키워서 한 곡 신나게 들으면 그거 100만 원 넘거든!

그리고 난 그냥 악기 소리만 들은 게 아니었다.

이어폰으로 전해 오는 음악을 들으며 꿈을 꾸었고,

희망을 피웠고,

아픔을 위로받았지.

들으면서, '그래…… 다시 해보자' 했던 나의 이어폰.

지금 돌아보니, 이어폰이 내게 있었다는 것만으로도 큰 행복이었어.

없어져 보면 안다. 내 이어폰처럼.

그래, 친구들, 부모님······

사랑하는 사람들이 내 곁에 있다는 것만으로도 커다란 행복이다.

인정받는 록스타가 되지 않아도

기타로 1등을 하지 않아도

이미 행복한 거라고!

좋아하는 일을 지금 하고 있다면!!

사랑하는 사람들이 지금 곁에 있다면!!

누구······

이어폰 남는 거 호주 좀 보내줘라. ^-^

💬 댓글 2

👤 nankings 20:45
그래,,, 친구야,, 내가 있잖냐 히히. 너 호주 가니까 뭔가 허전한 것 같기도 하고,,, 어딘가 빈 듯한,,, 나 이번에는 외대 꼭 붙어서 너 보러 간다 히히. 그럼 언제나 특별한 나의 친구야, 열심히 공부해라. 1년 뒤 당당한 모습으로 만나자. 이어폰은 엉아가 사주마~~

　↳ 👤 rnrhun 21:29
　　사진 찍어놨다, 마지막 줄~

꼴찌의 꿈 #3

👤 rnr헌 | 조회 0 | 22:23 💬 댓글 0

꿈을 꾼다는 것은, 이사를 한다는 거야.

1. 스탠모어에서

시드니에 도착해서 처음으로 살게 된 동네는 스탠모어(Stanmore)란 곳이었어. 그곳에서 현지인 노부부와 함께 한 달간 사는 홈테이스를 했어.

3월 19일, 그니까 도착 바로 다음 날부터 랭귀지 스쿨에서 공부하기로 되어있었는데, 첫날이라 학교가 어디에 있는지 몰랐어.

가장 사소한 것도 가장 생소하던 나를 그 노부부는 가장 새로운 것도 가장 대수롭잖다는 덤덤함으로 학교까지 데려다주었어.

집에 돌아올 때는 무슨무슨 버스를 타라고 한 뒤에 사라졌지.

홈스테이라 밥은 해주는 걸 먹었어. 하루의 하이라이트라고 할 저녁 찬은 1주일에 두어 번 바뀌었어. 메뉴는 대부분 눅눅한 스파게티나 겉만 데운 밥이었고.

설거지를 깨끗이 하라고 주의를 받든, 마시라고 한 음료를 마시는데 눈총을 받든, 세탁기가 있는데 손빨래를 시키든, 다 괜찮았다. 외국인데, 마냥 좋았지.

한번은 주인 할머니가 아침으로 먹으라고 한 시리얼을 여느 때처럼 우유에 타서 먹고 있었어. 자세히 보니 스푼에 담긴 우유 위로 밥알 같은 게 떠 있더라. 애벌레였네.

다른 유학생들은 집주인이 시내 구경도 시켜준다던데, 우리 집은 주로 이런 식이었지.

한 달이 지나고, 집을 옮기기로 했어. 이번에는 홈스테이가 아니라 자취로. 이스트우드(Eastwood)란 곳에 방이 있어서 거기서 진짜 홀로서기를 시작하기로 한 거야.

2. 이스트우드에서

새로운 기대를 품고 들어간 집은 한국인이 주인이었어.

먼저 나의 몇 가지 불법 행위를 자백하려 해.

이쯤 돈이 거의 다 떨어졌어. 하지만 여기는 홈스테이가 아니었으니 먹을 건 직접 해결해야 했지. 고맙게도 주인은 쌀은 필요한 대로 먹으라고 했어. 문제는 반찬인데, 요리할 줄도 모르지만 재료를 살 돈이 없었지. 그래서 맨밥만 먹기 일쑤였고.

어느 날, 집 사람들이 함께 쓰는 냉장고 안 작은 반찬통에 장조림이 있는 게 보였어. 순간 뚜껑을 열고 엄지손가락 만한 장조림 한 조각을 조심스레 집었어. 그걸로 큰 한 공기를 해결했고.

후로도 그런 범죄를 몇 번 저질렀어. 나도 내가 이런 행동을 할 줄은 몰랐어. 차라리 주변에 솔직히 도움을 구하는 편이 좋았을 거야.

안타깝게도 나의 불법은 그게 다가 아니야. 식비가 없는데 차비가 있을까. 이스트우드 전철 역에는 검표기가 없었는데, 학교에 가기 위해 새벽 6시경 집을 나서서 무임승차를 했어. 그리고 맥도널드타운(Macdonaldtown)이라는 역에서 내렸어. 그 역은 검표기가 없는 역 중에서 학교와 가장 가까운 역이었거든. 지금 돌이켜보면 절대 좋은 방법이 아니었어. 그때는 그렇게 하지 않으면 학교에 못 갈 거라고 생각했을지라도 말이야.

맥도널드타운 역에서부터 랭귀지 스쿨까지는 걸어서 1시간 이상이 걸렸어. 집과 학교 왕복을 계산하니 4시간이 더 되더군.

 비가 오는 날은 우산이 없어서 신문지를 머리에 쓰고 걸었어. 아침을 못 먹고 걷는 날도 많았지. 점심을 못 먹고 걷는 날은 가끔 있었고. 수돗물만 마시고 걷는 날도.

 이렇게는 더 못 살겠다 싶어서 기타 레슨 광고를 동네에 뿌렸어. 처음 가르친 학생은 꽤 먼 곳에 사는 14살 소년이었는데, 얘는 배울 마음이 없었어. 부모님이 강요해서 하는 것이었지. 지겨워하더니 곧 때려치웠어.

 아르바이트 자리도 알아보았는데, 청소나 설거지가 많았지. 하지만 영어나 기타랑 상관이 없는 일은 일단 제외했어.

 결국 한국에 계신 부모님께 말씀드렸어. 나의 이 꼬락서니를 말이야. 부모님은 걱정하셨는지 770불(당시 환율로 53만 원)을 보내주셨어.

 더는 무임승차를 하지 않기 위해 시내 중심인 시티(City of Sydney)로 이사하기로 했어. 거기서는 학교까지 걸어서 갈 수 있거든.

3. 시티에서

 번화한 시내인 시티에 있는 38층 아파트에 들어갔어. 투룸인데, 한국인 두 명이 한 방을 쓰고 태국인 한 명이 독방을 썼어. 나는 빨래를 걸어 놓고 말리거나 티테이블을 두고 두 사람 정도 앉을 수 있는 베란다에서 서식하면서 1주에 130불을 냈지(약 9만 원).

 내 방은 벽 전체가 창문이라 혼자 보기 정말 아까운 경치였어. 1인용 침대 간신히 들어가면 바닥에 발 내리기도 어렵기는 했지만.

 그런데 이 집도 그리 오래가지는 않았네. 기타가 문제였던 거야. 내가 베란다에서 기타를 칠 때마다 주인은 몸을 비틀며 몹시 불편한 얼굴을 보이더군.

 내 기타가 그렇게 형편없었다는 거야? 아니면 내 열정이 그렇게 뜨거웠다는 거야? 어쨌거나 '베란다 서식기'는 그렇게 3주 만에 타의에 의해 막을 내려야 했지.

4. 버우드에서

 랭귀지 스쿨에서 외국 친구들을 많이 사귀었어. 친구들이 버우드(Burwood)라는 지역에 여럿 살아서 나도 그쪽으로 가기로 했어. 왠지 그 녀석들을 길에서 마주칠지도 모른다는 기분으로.

 이때부터는 3개월의 랭귀지 스쿨을 마치고 본격적으로 음악학교에서 전공을 시작했어. 새 학교에서의 느낌은, 뭐랄까, 거기서 쓰는 영어는 랭귀지 스쿨에서 배운 영어와는 전혀 달랐다는 거야. 많이 당황했지만, 의욕이 솟았어. 새로운 일들에 앞서 기대와 설렘으로 맘이 부풀었어.

 한국인이 주인인 새집에 들고 2주쯤 지났을까?

 공용냉장고에 넣어둔 내 계란을 누가 꺼내 먹는다는 걸 알게 되었어. 그런 행각은 꼬리가 잡히는 것도 두렵지 않다는 듯 계속되었고.

 그러다 범인을 잡았어.

 집주인 노인네였네.

 "먹을 거면 좀 말이라도 하고 먹어야죠."

 그러자 주인은 버럭,

 "이런! 먹을 수도 있지!!"

 이해가 되지 않는 건 아니지만 납득이 되지 않는 이유로, 이후 완전히 찍혔어. 그때부터 아주 언짢은 얼굴로 나를 보더군.

 그는 가장 잘난 사람의 완벽한 모델이 바로 자기라고 알고 있었어. 너무 완벽해서 60이 되도록 싱글남으로 계시는 걸 거야.

가장 큰 곤란함은, 자기 혼자 자기를 가장 옳게 여기면서 수십 년을 혼자 보내왔으니 자기가 가장 옳다는 독단이 쇳덩이보다 단단해졌다는 것이었고.

또한, 그분의 기타 트집 잡는 귀는 세 살배기보다 예민했지.

음대에 다니면서부터는 하루에 10시간씩 기타 연습을 했는데, 새벽에는 기타 줄 위에 손을 얹어서 소리가 나지 않게 하고 연습했어.

하지만 귀신 같이 그 소리를 잡아내서 잔소리를 쏟아부었지.

그 노인네는 점차 "x랄", "x놈의 x끼" 등등의 언어를 유창하게 구사했어.

덕분에 매일 정신적 대미지를 입는 것과 그래서 학교에도 몇 번 빠지게 되고, 가뜩이나 따라가기 벅찬 수업과도 더 멀어지면서 학교생활을 망치는 악순환을 보며 내 속에서 불이 나더군.

배고픔과 외로움, 돈에 대한 걱정, 노인네에게서 듣는 욕설, 학교에 결석하고 공부에 충실하지 못하는 현 상황으로 인한 분노 등은 '의욕 상실'이라는 하나의 큰 덩어리로 합쳐져 나의 꿈이자 가장 좋아하는 기타에 대한 열정마저 식혀갔어. 희망을 도둑맞고 절망에 사로잡혔지.

결국 그 노인네는 나를 쫓아냈어.

내가 그를 쫓아낼 수는 없는 처지였으니까.

훔쳐먹은 장조림과 불법 승차로 인한 내가 받아야 할 죗값이 이 노인네였다고 한다면, 나는 다시는 장조림도 먹지 않고 기차도 타지 않을래.

당장 이사할 돈이 없어서 잠깐 길거리를 전전해야 했어. 가끔 아는 형들 집에서 신세를 졌고. 그러다 학교 근처인 써리 힐즈(Surry Hills)란 곳에 새 둥지를 틀었어.

5. 써리 힐즈에서

겨우 이사는 했지만, 잘 먹지 못하는 건 여전했지.

이틀을 1.8불짜리 칩스 하나로 버티기도 했어. 그 1.8불이란 것도 동전 10개 이상으로 이뤄진 구성이었고.

새집은 3인 1실인데 이불이 없어. 방에 있는 창문 중 하나는 유리가 떨어져서 대신 종이를 붙여 놓았고.

2층 침대는 가냘픈 프레임 위에 얇은 매트리스가 두 장 깔려 있는 거야. 밤에는 너무 추워서 샌드위치처럼 매트리스 사이에 들어가서 자. 매트리스 위에서 다른 매트리스를 이불 삼아 자는 거야.

그러면 발이 또 너무 시려서 양말을 모내기 스타일로 신어주고 잔다. 내가 생각해도 너무 웃겨서 추운 것도 잊어.

가끔은 지난 5개월간 매일 입은 똑같은 청바지가 너무 자랑스럽게 느껴지기도 하고.

그렇게, 다시 힘을 내면서 글을 쓰고 있어.

날이 밝으면 하루를 새롭게 시작할 거야.

새로운 일들을 앞두고 느끼는 그 설렘과 기대를 회복할 거야.

지금까지 고생 신나게 했으니까 이제는 기타에 미쳐서 살고 싶다. 일도 해야겠고.

잠을 자고 일어나면 배가 다시 고파올 것을 알지만, 요리할 음식이 있다는 것, 집사람들과 함께 먹을 수 있다는 사실이 생각만 해도 설렌다.

힘들었던 일들이 조금은 지나고 난 지금, 작은 것에 감사해야겠다는 닭살이 돋는다.

고생을 웃으면서 이기는 방법도 실험해봐야겠다, 한 번에 하나씩.

나는 시드니를 배경으로, 뒤틀리고 평범하지 않지만 재미있고, 기타에 제대로 미친 장면을 담고 있어.

뭔가 담자고!

우리가 사는 곳이 바로 각자의 로케이션 촬영지야.

나중에 만날 때 멋진 영화 한 편씩 가슴에 가지고 만나는 거야.

그럼, 이제 모내기식 양말과 매트리스맛 샌드위치가 되기 위해, 나는 이만.

안녕!

정말 힘든 순간에서 천사가 마중을 나와

주인아저씨는 내가 나가는 마지막 날이 되니까 더 성질을 내더라.

방에서 기타 치고 있는데 방문을 쾅 열어젖히더니,

"왜 마지막 날까지 시끄럽게 기타 치고 xx이냐!"고 꽥!

그러면서, "이 x끼 이거 아주 나쁜 놈이네! @#$%^&*()" 등등……^^;

본드비(bond, 방세 보증금)도 돌려받았겠다, 한번 개박살을 내고 나갈까 했는데……

'안 돼, 참아야 돼. 사고 쳐서 강제 귀국 당하면 안 돼. 지금 이 시기가 얼마나 중요한 기회인데.'

결국,

그냥 한 번 째리고 짐 쌌지.

기타 두 대를 어깨에 하나씩 걸치고, 의식주가 담긴 여행용 가방도 하나 손에 들고, 집을 나와 시내 북쪽으로 가는 열차에 몸을 실었어.

전철에 갑자기 취객 아저씨 한 명이 들어오더라. 페인트 잔뜩 묻은 옷을 입고 있었어.

그리고 여태껏 들어본 목소리 중에 최고로 걸걸한 사람이 또 하나 오더니 둘이 실내에서 담배를 나누어 피면서 얘기를 주거니 받거니 하는 거야.

근데 취객이 날 딱 보더니 뭘 발견했다는 듯 다가오는 거 있지. 난 살짝 긴장했는데, 와서 하는 말이,

"나 코미디언 댄서인데, 너 기타 두 대를 동시에 칠 수 있냐?" 하면서 양손으로 기타 치는 몸개그를 하데. 진짜 웃기더라.

인종의 어색함 없이 완전 재밌게 놀았다. 영어를 잘 알아먹지 못해도 그냥 어어엉 하면서 악수하고 별 얘기를 다 했지.

헤어진 뒤에, 이제 아는 형네 집으로 갔어.

돈을 조금 빌리러……

후우……

새로 가려고 하는 집 방세를 내려면 10만 원 정도 더 마

런해야 했거든.

그런데 그 형한테 7만 원만 빌려서 3만 원이 또 부족한 거야.

다른 형을 찾아갔는데 차마 밀이 나오지 않아서, 여행 가방이랑 기타 한 대만 맡아 달라고 하고 나왔지.

머리가 아팠어.

어디론가 떠나버리고 싶었어.

온갖 정신적 공격을 가한 그 노인네와,

돈 없어서 구걸하고 꾸러 다니는 나의 한심함!

그런 게 싫어서……

한국에 있는 너네 같은 친구들이 여기에는 한 놈도 없는 게 아쉽고!

하여튼 처음으로 느꼈지.

'사는 게 이렇게 힘든 때도 있구나.'

몸이 힘들면 그래도 괜찮은데 마음이 지칠 대로 지쳤어.

그래서……

에라, 가자.

오페라 하우스로!

하고 통기타 한 자루 메고 간 거야.

백팩커에서 자기에는 돈이 들고,

아는 형님에게 재워달라는 말은 이럴 땐 안 나와서.

중요한 건 이제부터지!

세계 3대 미항이라는 시드니항에 있는

오페라 하우스에서 이상한 포즈로 바다를 바라봤어.

눈을 매직아이 할 때처럼 멍하게 힘주면

흐르는 물결 속에서 이상한 사람의 얼굴이 떠오르는 거 같았어.

우선 분위기를 잡고 기타를 꺼내어 연주……

그러다 피곤해서 이제 돌에 기대어 자려 하는데!

어떤 사람이 오더니,

"일본사람입니까?"

"아뇨, 한국사람입니다."

그리고…… 시작됐다.

한 시간 정도 얘기를 나눴어. 한국에 대해, 호주에 대해.

음악 이야기도 나왔어. 자기가 시의 형태로 작사한 게 많은데, 나보고 그 분위기에 맞춰서 노래를 만들 수 있냐고 해서,

잘하지는 못하지만 한번 해보고 싶다고 했지. 우리는 농담이지만 나름 진지하게 7:3으로 계약하고, 메일 주소

를 교환하고 함께 밤참을 먹으러 갔어.

택시를 타고 이동하니까 당연히 더치를 해야겠는데 자기가 낸다는 거야, 택시비를.

밤에 식당들이 문 여는 동네에 가보니 새벽 1시가 되었는데도 장사하는 곳들이 있더라. 마침 형한테 방세로 빌린 돈이 있어서 밥은 내가 산다고 하니까 막 자기가 산다는 거야.

그럼 음료수라도 내가 산다니까 그것도 또 안 된다는 거야!

세상에, 이런 사람이 있나? 호주에?

거기서 얘기를 또 한 시간 정도 나누고 이제 나는 오페라 하우스로 자러 돌아간다고 하니까

백팩커 가서 자라면서 택시를 잡아서 백팩커 앞에 나를 내려주고는 이메일을 약속하며 헤어졌어.

근데 백팩커는 한 20불 하고, 거기서 오페라 하우스로 다시 가기는 너무 멀어서……

근처에 있는 겜방에 온 거야, 좀 전에.

한 시간에 2.5불인데, 한 시간만 하고 여기서 자고 내일 학교로 갈 거야.

컴컴한 겜방, 책상에 엎드려 잠을 청하려 하면

친구들과 부모님의 얼굴이 아련하게 떠오른다.

'나는 혼자가 아니야.'

'여기서도 좋은 만남들이 있었어.'

……

마음이 너무 힘들어서 아무것도 못 할 것 같을 때는

몸이 나서서 뭐라도 해주어야 할 때다.

노숙이라도 하려고 하니까 천사도 만나고, 다양한 얘기도 듣고.

그럼!

💬 댓글 4

👤 용mini 08:33
헌 군... 너무너무 불쌍하다. 타지에서 고생이군, 저런 저런 저런. 새집 가면 주소 써! 꼭 내가 아니라도 우리 중에 한 명은..... 아니, 나라도 김치랑 고추장 보내줄게! 꼭 써! 우리 모두 도웁시다!

👤 종현2 10:02
그래. 지금의 고생이 나중에 꼭 보답받을 거야. 처음 가졌던 마음으로 다시 시작해.. 물질적인 것은 어떻게든 해결이 되지만, 정신적으로 쓰러지면 다시 찾기 힘들잖아. 힘내... 공항에 돌아올 때의 모습이 떠날 때보다 더 빛났으면 좋겠구나. 기운 차리고... 너한텐 무엇보다 소중한 친구들이 있잖아~

👤 ronalHahn 15:32
어려운 상황에서도 언제나 열심히 살려 하는 모습 보니 기쁘구나. 흔히 하는 이야기로 '젊어서 고생은 사서 한다'는 말은 그저 다른 옛날과 같이 쉽게 넘길 이야기는 아닌 것 같아. 무조건 고생은 해봐야 하지.. 하지만 건강은 잘 챙기고.. 열심히 공부하고 많이 보고 배우길 바란다.

8 song922miz 19:41
니가 메일로 보내준 음악 들으며 니 생각하다가 댓글 남긴다. 니가 선곡한 곡을 들으니 꼭 너 닮은 음악들이구나. 그곳 생활이 정말 힘든 거 같은데 그래도 여전히 밝게 끝나는구나... 니가 준 음악들처럼 말야. 그래, 넌 그럴 거야. 미지의 세계, 낯선 얼굴들을 알아가는 즐거움을 충분히 즐길 줄 아는 그 젊음이 사랑스럽구나. 이사하면 주소 써주렴. 너의 충분한 영양섭취에 내가 좀 기여해야겠다. 건강한 아름다움이 열심인 아름다움보다 앞서느니라. 건강한 날들 보내렴. 사랑하는 현아!

낮은 곳에도 꿈만 있다면 빛이 비추고

rnr헌 | 조회 34 | 16:11   댓글 2

새벽에 집을 나섰는데 너무 일찍 나와서 딱히 갈 곳이 없었어.

잠깐 겜방 들러서 메일 쓰고 학교에 가는데 배가 너무 고픈 거야.

학교 근처에 free meal이라는 간판을 단 건물이 있어. 공짜로 밥 주는 곳이야.

몇 주 전부터 눈여겨보긴 했는데, 이번에는 아예 들어가 보기로 했지.

가니까 입구 위에는 몇 해 전에 붙인 크리스마스트리 장식이 아직까지 살아 손님을 맞아주고 있고, 빵 몇 조각이 그 아래 피곤한 듯 널브러져 있더군.

'빵 조금 먹고 가는 거구나', 생각하고 서 있는데 주방장 같은 사람이 날 보더니 멈칫한 후에 다가오더라고.

따라오라고 해서 가니까

코코아 한 잔, 닭고기랑 야채 별별 거 다 섞은 잡탕, 그리고 야릇한 색감의 수프를 가져다주는 거야.

'오...... 장난 아니다' 하고 열나게 먹었지. 닭고기 잡탕은 썩은 개밥처럼 섞어 놨는데, 따끈따끈하고 정말 맛있었어.

코코아도 기름기가 두둥실 몰려다니기는 했지만, 배고픈 사람이 기름기 따지면 배고프단 말 거짓말이지.

빵은 맘대로 먹는 거야. 빵에 소금을 찍어 먹는 건 줄 알고 그렇게 하고 있었는데 수프에 찍어 먹는 거라더군.

그래서 수프 맛도 보았는데...... 이건 진짜로 못 먹겠더라. 아무리 배가 고파도 말이야. 속이 뒤집어질 것처럼 느껴했어. 내게 그건 세상 밖에 위치하는 맛이더군.

하지만 내 옆에 앉아 있던 남자는 그런 스프를 태연하게 먹고 있었지. 나의 작고 좁은 세계를 비웃기라도 하듯이 말이야. 그는 호기심 어린 얼굴로 내게 뭘 하는 사람인지, 왜 여기에 왔는지 등을 물었어.

마약에 중독된 벌건 살갗의 사람들, 부들거리는 손으로 겨우 스푼을 잡고 있는 사람들 사이에서 조금은 어울리지 않는 진지함으로, 내가 좋아하는 일을 하고자, 뮤지션으로 꿈을 이루고자 호주에 왔다고 했지. 이 급식소에는 배가 고파서 왔노라고 했고.

그에게도 물었어. 무슨 일을 했었는지, 어떻게 여기에 왔는지.

아저씨는 몇 년 전까지만 해도 나름 괜찮은 사업가였대. 그런데 시드니 달링 하버라는 곳 부근에 카지노가 있거든. 5년 전인가 개장한 곳인데……

거기 맛에 들려서 하루하루 살다 보니 하루는 재산을 잃고 다른 하루는 와이프를 잃으면서 결국 혼자가 되어 여기까지 왔다는 거야.

저마다 안타까운 사연을 숨긴 채 먹는 식사를 마치고,

나는 학교로 갈 채비를 했어. 꿈! 음악을 위하여!

다른 노숙자들은 잘 먹었다고 인사하면서 하나둘 빠져나가고……

그런데 그 아저씨는 일자리를 찾는다고 어디로 면접을 보러 간대.

눈은 약간 벌겠지만 표정에는 진지함이 보였어.

아저씨는 가장 낮은 곳에서부터, 오늘이라는 지금 이 순간부터, 자기가 할 수 있는 작은 일을 찾아 나섰다.

아무리 작아 보여도 그 자신에게는 가장 큰 일이었지.

그 작은 일이 비틀대는 아저씨의 무거운 몸을 지탱해주고 있었으니까.

밑바닥까지 온 건 안타깝지만, 우리에게 호흡이 붙어있다는 건 뭐든 다시 해볼 수 있는 힘이더라.

사람은 살기 위해서라도,

꿈을 꾸어야 하는 존재 같아.

흠……

학교 갔는데

아저씨 생각에 기타도 집중이 잘 안 되던 거 있지.

조만간 다시 가보려고.

그럼!

💬 댓글 2

👤 **AtomMoon** 16:49
혼자 떨어져 있는 것도… 힘든데.. 남의 나라에 가서… 얼마나 고생이 많냐?? 하지만 그렇게 고생하고… 견뎌내면… 정말 좋은 결실이 있을 거야. 난 믿어.. 그럼그럼~. 밥 꼭꼭 챙겨 먹고… 친구야, 우리 마지막에 웃는 사람이 되자꾸나. 그리고 아저씨 만나면 어떻게 되었는지 소식 남기고~~.

　↳ 👤 **rnrhun** 10:12
　　오늘 다시 가봤는데 안 보이더라고. 일자리 구했나봐~. 못 봐서 아쉽다만,,,,, 대신 다른 사람들을 봤지. 한 그릇 딱 먹으면 기분이 째져서 오바하면서 잘 먹었다고, 또 온다고 총총거리면서 인사하고 건물을 빠져나가는데... 그거 보면 진짜 가슴 찡~하다. 여기서 지금까지 100만 명 넘게 먹였다고 하더라. 와! 100만 명 넘게 신남을 선물한 거지. 보니까 그런 생각이 나는데... "나는 살면서 한 명에게라도 그런 신남이었던 적이 있던가?"

1의 해충이 99층 공든 탑을 무너뜨릴 때

 rnr헌 | 조회 57 | 12:23 　　　　　　　　　댓글 16

　한국에서는 딴 세상 남의 얘기지만, 시드니에서는 아닌 게 있다.

　마약.

　여기선 마리화나(대마초)를 해도 불법이 아니래. 마약을 판 사람만 불법이고.

　어쨌든 남의 얘기였다.

　그런데 남의 얘기가 아니었어!

　이사한 집에서 알게 된 한국 형이 있는데 아주 맘씨 좋고 즐길 줄도 아는 멋진 형님이야. 서른이 조금 안 되었고, 시드니에서 한식당으로 성공하겠다고 온 요리사야.

　그 형님이 최근 다른 집으로 이사를 갔어. 그 집에는 동양인이 하나도 없었어. 한국 사람 없는 데 가서 영어 배운다고 간 거야.

이사 간 첫날 밤.

어느 놈의 권유로 마리화나에 뭔지 모를 하얀 약을 타서 세 번 흡입했다고 한다.

형은 대수롭지 않게, '뭐 별거 있겠어?' 했다는데, 얼마 지나지 않아……

입이 돌아가고 혀가 꼬여서 말을 제대로 못 하고

몸통이 흔들려 걷지 못 하고

눈이 시뻘게지고

갑자기 딴사람의 영혼이 형 몸속에 들어온 것처럼 됐대.

자기 정신은 들어왔다가 나갔다를 반복하고

머리끝에서부터 수분이 빠져나가는 것 같더니

눈까지 내려와서는 눈알이 빠질 것 같고

그게 입까지 내려오자 혀가 꼬이고 입술이 타들어 가고

마침내 목까지 왔을 지경에!!

사람들이 놀라서 물을 먹이니까 다시 정신이 들었다대.

진짜 다행인 게, 목까지 타들어 가기 전에 물을 막 먹인 거랑, 다음 날 한 바가지 토한 거랑.

형은 마약이든 뭐든 자기는 다 이긴다고 생각했대.

그것이 내 안에 들어와도, 나만 정신을 차리면 산다고.

그것을 내가 먹어도, 나는 그것에 먹히지 않는다고.

흐음……

하루하루 꿈을 쌓아가는, 우리가 사는 이 세상에는

공든 탑을 무너뜨리는 해충들도 살고 있어.

99의 힘으로 집을 세우는 열정도 중요하지만,

해충을 삼키지 않는 1의 멈춤도 필요하겠어.

때로는 '안' 하는 것이

열정보다 훨씬 중요할 때가 있겠더라. 그럼!

💬 댓글 16

🙎 **chohiden** 12:52
헌아, 인생에는 가까이 가지 않았다면 더 좋았을 것들이 있다. 몰랐다면 더 행복했을 것들, 알아서 더 어둠으로 떨어지게 하는 것들. 그런 걸 모르고 사는 게 '순진한' 게 아니라 그거사 '현명한' 거다. '하지 않는 용기' 말이지.

　↳ 🙎 **rnrhun** 13:00
　불행한 '앎'도 있고, 행복한 '모름'도 있고. 그렇게 보면 몰랐던 게 사실은 알았던 거고, 알았던 건 사실은 몰랐던 거네요. 잘 살기 위해 모르기로 한 것은 인생 사는 법을 제대로 아는 것이었고, 순간의 쾌락을 알았지만 결국 거기에 발목이 잡혀서 인생의 꽃을 충만히 피우지 못하면 그건 실제로는 몰랐던 사람의 이야기가 되겠고요.

　↳ 🙎 **chohiden** 13:10
　'뭐 있겠어?', '내가 안 될 건 뭔데?'라고 한다면야 할 순 있겠지만, 그게 인생에 득이 되냐 독이 되냐는 모르는 사람이 없지. 성경에 이런 말이 있다. "나는 모든 것을 할 수 있지만, 모든 것이 내게 유익한 것은 아니다"라는 말. 그래, 그 피해는 고스란히 나, '미래의 나'에게로 전가되는 거지. 근데 '내 마음대로 할 수 있는 자유'란 것도 하나의 자유지만, 내 마음대로 하다가 나중에 그거의 포로가 되면 그때부터는 자유가 아니게 되지??? 그러니 자유의 또 다른 차원이란, '하지 않으려고 하면 하지 않을 수 있는 상태'인 거야.

↳ 👤 rnrhun 13:14
할 수 있는 자유와 하지 않을 수 있는 자유... 물론 마약에 대해서는 후자의 자유가 자유이겠고요.

↳ 👤 chohiden 13:19
근데 마약만이 아니다. 이름만 마약이 아니 '마약 같은 것'이 있거든. 개중에는 세상에서 완전히 허락된 것도 있고, 제한적으로 허용된 것들도 있는데, '마약적'이라는 점은 같다. 삶의 중요한 것들을 빼앗아 가거나 적어도 적지 않은 지장을 주는 것들... 중독적인 것들...

↳ 👤 rnrhun 13:27
스포츠 시청이나 PC게임이 생각나네요. 그것들은 하나의 문화로 우리 삶에 들어와 있죠. 또, 재미있고요. 잘 조절하면 잠깐 스트레스 해소도 되죠. 지면 스트레스가 쌓이지만. ㅋ 근데 그 '잠깐'에서 '자주'로, '종종'으로, 심하면 '늘상'으로 나아가는 모양새가 없지 않죠.

↳ 👤 chohiden 13:31
어디 그것들뿐이겠냐 말이지.

↳ 👤 rnrhun 13:39
저는 아직 그 맛을 모르겠는데 드시는 분들은 하루 몇 잔씩 마시면서 자기가 카페인 중독이라고 하던데, 그럼 커피도 마약이라 할까요? 담배는요? 술은? PC통신 못 하면 불안해서 떠는 사람이나.... 몸을 떨며 비나이다 비나이다 하고 있는 사람은요?? 다 마약적인 요소가 작동하고 있는 거 같은데요? 어른만 아니라 아이가 떼쓰며 사탕, 과자 같은 설탕덩어리 찾는 거도요. 인간 삶의 많은 부분이 우리도 모르게 '마약적'인 게 아닌지...??

↳ 👤 **chohiden** 13:49
말한 것들 중에 어떤 것들은 '중독적'이라고 하면 좋을 거 같아. 마약적인 것은 중독적이지만, 중독적인 것이 다 마약적인 건 아니라는 점에서 둘은 차이가 있지. 분명 중독적이지만, 마약 정도의 파괴성을 동반하는 건 아닌 경우도 있으니까.

↳ 👤 **rnrhun** 13:57
음음... 그럼... 중독적이라는 말과 뭔가에 미쳐 있다... 라는 말은 같은 의미일까요? 왜냐면 저는 음악에 미쳐 있다고 생각하는데, 그럼 이게 음악에 중독되어 있다고 말할 수 있을까... 라고 질문해보면, 중독은 아닌 거 같아서... 미치는 것과 중독의 차이는 뭘까요?

↳ 👤 **chohiden** 14:08
음악에 중독되는 것과 음악에 미치는 것은... 둘 다 음악을 아주 달고 살겠지. 근데 중독적이라고 하면... 통제불가능한 의존, 자기에게 좋지 않게 사용되고 있다는 것을 알면서도 강박적으로 하게 되는 상태.... 등을 말할 수 있을 거 같다. 남용, 오용, 악용을 불러오는..... 그럼 너처럼 뮤지션을 꿈꾸며 음악에 미친다는 거는? 흠... 음악을 매우 사랑해서 삶의 많은 부분을 음악으로 채워나가는 거? 음악에 흠뻑 젖은 상태? 그리고... '하지 않으려 하면 하지 않을 수 있는 자유'를 소유한 상태! 결국 '사용'과 '상태'의 문제가 중요한 거 같다.

↳ 👤 **rnrhun** 14:15
같은 음악도, 음악에 미치는 것도, 어떻게 하면 마약적/중독적이고, 또 어떻게 하면 아름다운 꿈이 되기도 하네요. 하긴, 일상과 생명을 파괴하는 중독이랑 고난을 희망으로 인내하게 하는 꿈/열정/미침은 다를 수밖에 없겠지요. 종이 한 장 차이 같은데 그 앞면과 뒷면이 만나지 못할 거리일 정도로요.

↳ 👤 **chohiden** 14:26
사람이 꿈을 위해 미쳐야, 자기 쾌락용인 마약적/중독적인 것들을 피해 갈 수 있을 거다. 삶의 생명을 갉아먹는 경험의 정거장들을 멈추지 않고 통과해 갈 수 있다는 거지. 누구는 말하기를, "모든 것이 의미가 있다"라면서 이미 욕망에 포로가 된 자기 상태에 대해 철학

요새 학교에도 좀 빠졌지요. 수업 시간에 조는 때도 많았고요.

저는 기타를 이제 딱 1년 정도 쳤어요. 지금 제 실력이 얼마나 형편없는지 누구보다 잘 압니다. 하지만 배우려는 마음 만큼은 누구보다 뜨겁다는 것도 잘 압니다.

지난 몇 개월, 집에서 기타를 너무 친다고 몇 번이나 쫓겨나듯 이사했습니다. 새벽 5시 반, 6시부터 기타를 쳤으니 집주인들이 저 때문에 환장해 하더라고요.

한 달 전에는 써리 힐즈로 이사했어요. 여기서는 3인 1실을 씁니다. 이불이 따로 없어서 자기 걸 가지고 와야 되는데, 저는 없어요. 밤에 잘 때는 너무 추워서 양말을 신고 잠바를 껴입고 매트를 이불 삼아 잡니다.

그래도 집사람들이 편안해서 지내기 좋아요.

학교 끝나면 집에 갔다가 연습하러 다시 학교로 오는데 이때가 하루 중 가장 행복한 시간이지요.

그런데 요즘 제가 있는 밴드에 냉기가 돌고 있어요. 한국인 밴드요.

원인은 유나랑 저 때문입니다.

이틀 전에 유나와 한바탕했습니다. 누가 옳은지 그른지 말하려는 게 아니고요……

적 합리화를 꾀하나, 뭐.. 각 정거장마다 사연은 다 있겠다마는, 문제는, 일일이 다 들리기에는 삶은 너무 짧다는 거지. 또, 그 씨앗에서 나올 열매가 자기와 주변 타인의 삶을 파괴하는 수순도 그렇고...

👤 rnrhun 14:35
나이랑 상관없이 법으로 금지된 마약이든, 성인에겐 법으로 허용된 담배나 술이든, 연령 제한 같은 거 없는 커피든, 부모님만 안 좋아하시는 게임이든, 아니면 스포츠든, 사탕이든, 컴퓨터든, 종교의식이든, 음악이든... 그걸 추구하는 행위 자체는 '자기의 쾌락 또는 만족을 위해서'라는 점에서는 마약을 찾는 이유와 다르지 않을 수도 있다니... 진짜 중요한 게 뭔지를 생각하게 만드네요.

👤 chohiden 14:47
합법이든 불법이든 사람이 마약 같은 걸 찾는 이유가 쾌락에 대한 욕망, 호기심 때문이라는 게 하나라면, 또 하나는 삶의 고통 때문이지. 사는 게 힘들어서 잠시라도 잊어보려고... 마약만 아니라 오락도, 음식도, 스포츠도, 성행위도, 종교도... 삶의 고통을 나름대로 완화시켜주는 방식과 힘이 있는 거야. 어떤 면에서는 서로 경쟁적으로 자기가 고통을 더 많이 줄여주고 더 큰 행복을 줄 거라고 인간 개개인을 설득하면서. 물론 그것들이 서로 같다는 말은 아니야. 작동방식의 유사성 외에는 서로 상당히 다른 내용과 결과의 양상을 가졌으니까. 또, 어떤 것들은 심각한 중독으로 인도하니까... 여하튼 중독적 삶의 원인은 사람에게만 있는 게 아니라 그런 삶을 부추기는 환경에도 책임이 있다는 거다. 그래서 어떤 세상을 만드느냐, 어떠한 판을 짜느냐가 중요해지는 거고.

👤 rnrhun 14:59
뭔가에 미치더라도 그게 중독이 아닌 건강한 열정이려면, 거기에는 타인을 향한 시선과 관심 같은 '삶의 나눔'이 있어야 하는 거 같네요. 충동적, 탐닉적, 파괴적 사용이 아니라, 아름다움과 즐거움을 함께 하는 식의 열정 말이죠. 결국 사랑! 그게 차이를 만드는 게 아닐지... 누군가를 위해 선하게 사용하는 것만이 자유를 빼앗기지 않게 한다는 역설이랄까요... 결국, 자유란 타인을 위한 사랑의 포로로서의 자유만 있는 것이 아닌가... 하네요..

어떠한 스무 살에서 어떠한 어른이 나오나

 기타 치고 싶어 죽는 줄 알았다.

 하루 7시간씩 말똥 냄새, 말 오줌 냄새에 절고 똥물에 떨면서 열심히 닦고 밀고,

 벽에 몇 개월 몇 년 묵은 새똥을 긁고 밀고 물로 불리고,

 베이큠(vacuum, 진공청소기)부터 걸레질, 수세미질, 사다리 타기, 외나무 걸어서 넘어가 닦기 등등……

 이렇게 일하는 날은 3시간 정도밖에 기타를 못 친다.

 일하고 돌아와서 손풀기 크로메틱 연습을 하고 있으면 어느샌가 나는 잠들어 있고, 몸은 추워서 덜덜 떨고 있는 채로 깬다. 또 배는 아프게 쪼그라들어 있다.

 어젯밤은 클래식 기타 소리가 너무 좋아서 교회에서 새벽 2시 넘을 때까지 치다가 바닥에서 자고,

오늘 아침 5시 30분 새벽기도회 마치고 일하러 온 거야.

요새 아침은 빵 몇 조각으로 때웠는데, 잠과 배고픔을 동시에 상대하는 건 정말이지 끔찍해.

사실 10일 전까지만 해도 통장에 조금 여유가 있었어. 한국에서 500불이 왔거든.

근데 아는 형이 돈이 급하다고 해서 100불을 빌려줬고,

아는 교회 집사님도 돈이 급하다 하셔서 150불을 빌려드렸는데 아직 못 받았어.

결국 통장에는 지금 19센트(140원)가 남아 있어. t_t

마구간 청소로 2주간 580불 벌었는데, 40만 원 조금 안 되는 돈이야.

이것도 아직 받지는 못했어.

……

일할 때 몸을 아끼지 않아서인지, 청소 컴퍼니 부장(호주 사람)에게서 스카우트 제의가 들어왔다.

오늘 그만두는 순간 호주 여자 사장도,

"네가 청소 안 하면 누가 해주냐"는 식의 멘트를 던지데.

지금 여기서 기타를 버리고 빗자루나 수세미를 잡기로 맘만 먹으면, 호주 클리닝 회사에서 청소부로 돈도 벌고 생활도 말끔히 펼 거야.

물론 그럴 수야 없지.^^;

열심히 한 걸 인정받은 건 좋다. 지금 난 꼬질꼬질 그 자체지만.

근데!

여기서 지저분한 게 나온다.

그건 바로……

블랙 머니!

청소 슈퍼바이저(호주사람)는 어제 내게,

"너희 보스(한국인 컨트랙터)는 우리 회사로부터 돈을 다 받았다"라고 알려줬고,

나는 오늘 우리 보스에게 일한 돈을 달라고 했어.

그런데 다음 주 월요일이나 화요일 날 준다고 하네. 아직 돈 못 받았다면서.

응?

우리는 시간당 12불(한 8,000원)을 받아. 그런데 이 정도의 일이라면, 또 호주 컴퍼니에서 하는 일이라면, 적어도 25불 이상 받아야 정상이라고 호주에 오래 산 한인들이 그런다.

그건 그렇다 치고……

우리가 일할 때 보스는 일을 하지 않는다. 나는 뭐 그러

러니 했어. 그는 worker가 아니라 supervisor니까.

 떨어지면 적어도 뇌진탕이거나, 여타 몸으로 때우는 임무들은 나와 형이 주로 했지.

 근데 오늘 마지막 날, 호주 부장이 내게 오더니,

 "너희 보스는 왜 항상 일을 안 하냐"고 또 그런다.

 "supervisor니까 당연히 안 하지"라고 하니까,

 호주 부장 말이,

 "너희 보스는 supervisor(시키고 그러는 사람)가 아니라 너네랑 똑같이 worker로 등록된 사람이요, 따라서 시간당 그에게 지급되는 돈은 너네랑 똑같은 worker의 페이가 나온다"고 하는 거야.

 으응?

 험한 재주는 어린 곰이 넘고

 본래 같이 재주 넘어야 했을 다른 곰은

 조련사의 옷을 입고 그 행세를 해온 거야?

 그것도 관객 앞으로 자기의 모자를 들고 다니면서?

 ……

 우리가 호주 컴퍼니로부터 본래 받아야 할 금액이 어느 정도인지는 알 길이 없지만, 호주 부장은 그게 상당히 큰 돈이라고 귀띔해줬다.

일은 힘들었지만, 불공정이 감지될 때도 있었지만, 그건 뭐 괜찮다 치고 넘어갔다.

단지,

보스가 궁금하다.

보스의 스무 살은 어떠했을까?

보스의 스무 살 거울에는,

어떠한 청년이 살고 있던 걸까?

하나하나 어떤 선택으로

보스는 스무 살을 지나왔던 걸까?

……

사람이,

하루아침에, 한두 숟갈에

똥배가 나오는 게 아니야.

'본래 그런 사람'이 있는 게 아닌 거 같아.

젊었을 때

겁도 없이

꿈보다 돈부터 좇으면서,

함부로 돈 좋아하면서,

그렇게 되는 거 같아.

아, 내가 좋아하는 게 뭔지 보면

나의 미래가 뭔지 보이겠어.

와, 좋아하는 것도 잘 좋아해야겠다.

좋아하는 건 자유라지만,

똥배는 무자비하게 자기 길을 내니까!

그럼 안녕!

💬 댓글 2

👤 **dongyi** 12:55
아이고... 고생이다, 너. 그래서... 어제는 어디서 자고?

> 👤 **rnrhun** 13:06
> 어제도 기타 치다가 교회 바닥에서 잤다. 집에서는 좀 조용히 지내보려고. 근데 그새 눈병 났다 ㅠㅠ. 너무 안 씻어서 그런가... 그래도 기타가 있으니 웃어본다... 웃어야지... 웃어야지? @_@

네가 무엇이기 때문이 아니라 무엇이든 간에

rnr헌 | 조회 44 | 17:59　　　　　　　　　　댓글 2

학교 한국인 밴드에서 완전 찍혔다. 메일로 내용 전함!

===

✉ 보낸 사람 | rnrhun <rnrhun@daum.net>
✉ 받는 사람 | clarke-m <clarke-musica@hotmail.com>

안녕하세요, 클라크 선생님!

학교에서 이 편지를 씁니다. 좀 긴 글이 될 듯해요. 전 짧은 게 좋은데, 미안해요! 짬 나실 때 휙 읽어주세요. 그래도 재미날 겁니다.

어디서부터 시작해야 할지.

저는 학교에서 조용한 아이지요. 하지만 밴드에서는 더 조용합니다.

다만 선생님께 부탁드립니다.

"한국 사람들로만 밴드를 만들지 않으시면 좋겠습니다."

왜냐고요?

……

점심시간에 학교 라운지에 가니까 유나가 와 있더군요. 제가 좀 무례했던 거 같아서 미안하다고 했죠.

유나의 대답은,

"너무 늦었어"라고요……

???

라운지에는 한국 학생들이 한 12명, 호주 학생들도 한 10명 있었는데,

유나는 버럭 하고 싶어서 벼르고 있던 사람마냥 사람들 앞에서 한국말로 버럭 하더군요.

저는 어떻게 해야 할지 몰라 말을 잃어버렸습니다.

주변을 둘러보니 정지화면처럼 딱딱하게 굳은 호주 친구들의 창백한 얼굴이 저를 슬그머니 보고 있고요. 하하하.-_-^

그러더니 저보다 나이 많은 한국 형들이 하나둘 와서 다 너의 잘못이라고 합니다. 열두 살 많은 사람에게 대들었

으니까.

 뭐, 저는 상관 안 합니다. 제가 뭐 같이 뭐 없는 뭐라는 소리를 들어도, 뭐 그럴 뭐들은 뭐 하라고 하지요.

 밴드를 탈퇴하면 학기 공연을 못 하고, 그러면 이번 학기를 날리게 되는 거지요.

 하지만 마음이 너무 상해서 한국인 밴드를 탈퇴하겠다고 하니까, 유나는 그것도 안 된다네요.

 "네 맘대로 못 나간다"라고요.

 ???

 그래 놓고 새로 한국인 밴드를 만들었네요. 뮤직 매니지먼트 전공하는 한국인 중에 기타 좀 치는 친구가 있는데 그를 스카우트해서요. 저만 빼놓고 나머지 멤버가 똑같아요.

 정말 마음이 편안합니다. 이제야 좀 살 것 같습니다.

 저는 음악 그것만 사랑합니다. 종일 학교에서 연습하고 싶습니다. 하지만 이런 일로 학교에 있기도 편치 않아졌습니다.

 앞으로는 일부러 한국 사람들로만 밴드를 만들려고 하지 않으셨으면 좋겠습니다. 당연히 한국 사람이 한국 사람과 밴드를 함께할 수 있지만, 한국 사람과만 함께해야 하는 건 아닐 테니까요.

그리고 한 가지 더.

기타를 얼마나 잘 치는가 못 치는가, 그런 거로 사람을 우습게 보는 우스운 세상은 아니도록 싸워갈 겁니다.

지금 제 기타 실력이 영 별로라고 하지만,

또 완전 x가지 없는 놈으로 찍혔지만,

상관 안 합니다.

기타만 열심히 배우겠습니다.

그게 전부입니다.

편지가 너무 길었지요.

시간 내주셔서 감사해요.

머리 아프게 해서 죄송하고요.

하지만 유나랑 그냥 같은 밴드 하라고 하면,

기타 메고 화성으로 가버리겠습니다. 진심이에요.

💬 댓글 2

8 ronalHahn 18:15
고생했구나. 그래도 꿋꿋하게 살고 있군~ 솔직히 네 문제는 항상 네가 자신감 있게 알아서 해결하는 모습을 보았기 때문에 뭐든 잘 헤쳐 가리라는 믿음이 간단다. 요즘에는 작년 우리 반 아이들이 막 생각이 날 때도 있지.. 너네들이 꽤 멋진 놈들이었다는 생각이 막 들어.. 지금은 힘든 순간이지만... 한 번 두 번만 더 힘내자. 용기는 한시도 잃지 말고..

↳ rnrhun 18:27
    지금 같이 사는 룸메 형들은 7~8살 많은데... 랭귀지 다니는데... 진짜 잘해줘요. 밖에서 밥도 사주고, 아침도 같이 해먹고.... 누구는 제가 기타 못 친다고 막 대하는데, 누구는 저를 좋은 동생, 이상하고 멋진 놈으로 대해주니... 기준이 뭘까요? 뭐 때문에 이쪽은 이렇고 저쪽은 저럴까요? 상대방의 뭐 때문에가 아니라, 상대방이 뭐든 간에 상대에게 잘해줄 수는 없나요...?? 그럼 하루하루 얼마나 재미있겠어요?? 지금 3인 1실 살아도 진짜 좋거든요~~

Interlude
>>>

이후 새로운 멤버로 밴드가 구성되었다.
나를 딱하게 보았는지, 다른 나라 학생들이
같이 밴드를 결성하겠다고 하면서 하나둘
모였다. 그렇게 하여 한국인, 미국인, 영국인,
콜롬비아인으로 4인조 밴드가 만들어졌다.
생애 최초의 공연이 다가오고 있었다.

뜻대로 되지 않고 또 안 되기를 계속하여도

✉ 보낸 사람 | **rnrhun** <rnrhun@daum.net>
✉ 받는 사람 | **wootaekch** <wootaekch@daum.net>

아빠, 어제 공연 잘 마쳤어요.

비틀스의 Get back과 야드버즈의 Jeff's Blues를 연주했죠!

한 달 내내 열심히 준비한 곡이었어요. 멋진 기타 솔로, 애드립 등등 싹 준비했는데——

학교에서 클럽을 빌려서 사람들도 많이 모였는데——

첫 번째 밴드로 무대를 열게 되었는데——

이게 웬일!

첫 곡의 기타 솔로가 끝나자마자 1번 줄이 끊어진 거예요!

그래서 이어지는 기타 솔로들은 다 내 멋대로——

애드립도 다 바꿔서 할 수밖에——

당황한 나는 무대 아래 관객들을 향해, 애들아 이것 봐라, 내 기타 줄이 끊어졌다——

하는 표정과 몸짓으로 끊긴 기타 줄을 들고 연주를——

나는 흥분해서 무대 위 여기저기를 쿵쿵쿵 걷기 시작했고——

그것만으로도 반응은 뜨거웠습니다!

멋지게 준비한 것들을 하나도 보여주지 못한 건 아쉽지만!

이번에 느낀 건...... 혼자 CD를 틀어 놓고 연습하는 거랑 밴드로 함께 연습하는 거는 많이 다르다는 거.

그치만 무대 위 연주가 슬슬 재밌어집니다.

일단 지나간 건 지나간 거니까 이제 앞으로 할 거나 생각하려고요.

계획은 대충 짰고요.......

다음엔 더 재미있어질 거 같습니다.

계속 '다음엔 더, 다음엔 더' 하는 것도 지칠지 모르는데, 정말 다음엔 더 확실히 보여주겠습니다.

이제 기타 경력 1년 시작한 거니까......

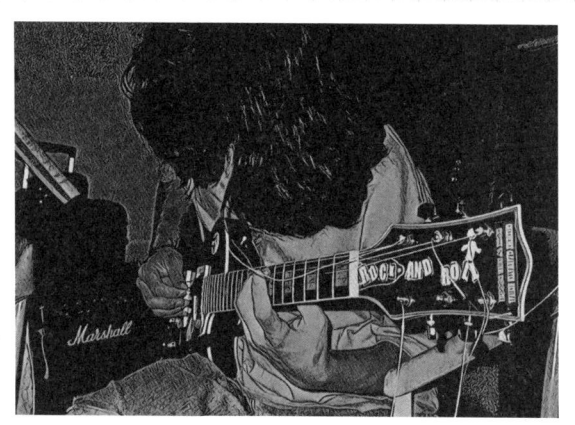

방이라는 우주에는 연습이라는 꿈과 잠이라는 안식이 들어 있어.

Re: 가고 싶지 않은 길을 왜 자꾸 가고 있는지

✉ 보낸 사람 | **rnrhun** <rnrhun@daum.net>
✉ 받는 사람 | **pop-ho** <pop-ho@daum.net>

> 근데,,

> 그러면 회사 정리도 해야 돼,,

> 회사 계약이 내년 2월까지래,,

> 그때까지는 어떻게 될지 몰라서,,,, 그래

> 회사 측에서도 잘 안 빼 주려고 하고

> 내가 호주 가는 건 좀 그렇다,,,

> 작곡은 좋은 생각이고,, 함께하는 건 좋아,,

> 근데 내가 가는 건 아직은 그래,,,

> 나,,,, 사실 용기가 나질 않아,,,

> 네 말 들었을 땐,,, 나도 뭔가 할 수 있겠다는

> 뭔가가 내 안에 타올랐다,,,,

> 하지만 주위를 보니깐 여건이 아니었어,,

> 지금부터 어떻게 해야 할지 모르겠고,,

> 음악에 대한 열정도 남아 있긴 하지만

> 많이 식은 거 같아,,,

> 역시 니가 없어서 그래,,,

> 나도 점점 이 사회에 길들여지는 거 같아 무섭다,,

> 남들이 하는 대로,, 남들이 하는 만큼만,,,

> 그런 걸 편하게 느끼고 있는 나 자신을 보면 흠칫 할 때도 있고,,,

> 어떻게 빠져나오고 싶지만

> 그 편안함,,, 나태함,, 게으름 등이

> 날 더 갈등하게 만들어,,,

> 생각은 갈 수 있는데 몸은 말을 안 들어,,

> 내가 왜 이렇게 자꾸 갈등하는지 모르겠다,,

> 이렇게 지내니 답답하고,,,, 그렇다고 과연 내가 할 수 있을까,,,

> 그냥,,, 한국에 있으면 뭔가가 될 수 있지 않을까?

> 난 내가 너무 움직이지 않는 거 같아,,

> 그러면서 바라는 건 많고,,,

> 나 왜 이러지,,

> 이 글을 쓰면서도 스스로 판단이 안 된다,,,

> 내 옆엔 아무도 없고,,,

> ,,,,,,

> 인생은 한 번뿐이라는 걸 알면서도 왜 내가

> 가고 싶지 않은 길을 자꾸만 가야 하는지

> 정말 모르겠어,,,,

> 어디서부터 잘못됐는지,,,,,,,,

> 변화란 게 참 어려운 거 같아,,, 머리로는 알지만 몸으로는 되지가 않네,,,

> 난 그 두려움이란 게 가장 무서워

> 변화의 두려움 말야,,

> 후,,,,,,

> 세상에 타협하면서 살긴 싫다,,,

> 아닌 거 같은데도 그냥 눈감고 가고 싶진 않다,,,,

> 내가 원하는 일을 하며 살고 싶은데,,,,,,,,,,

> 미칠 것 같아,,

호야, 지금 하고 있는 일……
'난 이걸 꼭 해야 해'라는 마음에서 한 건 아니지.
우선은 돈을 벌자 하는 맘에서 한 일이지.
그것과는 다른 꿈을 가진 너에게는

하나도 즐겁지 않은 일인 줄 알면서도 말이야.

음악이 너로부터 멀어져 간다는 건 너도 느끼고 있다.

가끔 연습하기는 하지만, 음악의 꿈은 점점 멀어져.

왜일까?

그건 지금 니가 음악과 상관없는 일을 하고 있어서가 아닐까?

너의 꿈에 더 이상 무심한 채 그냥 일만 하고 있는 거 아니냐.

한 번뿐인 인생이라 했지.

그래. 오늘!

2001년 11월 14일도 한 번뿐이지.

그 한 번뿐인, 최고로 비싼 오늘을 별로 재미없게 보내는 거냐.

오늘도 이렇다면,

앞으로 더 힘든 순간이 올 때는 어떡하려고……

너의 손으로 무모한 선택을 고르지 않는 이상!

꿈을 따르는 위험을 기꺼이 감수하고,

꿈을 따르는 아픔을 자신에게 허락하지 않는 이상!

무엇이 달라지겠냐.

이저든 저러든 힘든 게 인생이라지.

이런저런 일들로 웃고 울며

이런저런 일들로 웃지도 울지도 않으며

이리저리 방황하고 고민하며

이런저런 사람들이

여기저기 한데 묶여 살다가

이런저런 갈등 중에

이래저래 해법을 찾는 중에

이런저런 이유로……

각자 죽겠지, 뭐.

그런데 그 바로 직전 즈음?

안도감과 편안함일까?

두려움과 불안함일까?

아니면 허무함과 비스무레한 단어인 공허감일까?

아니면 진짜 죽을 때도,

'이것도 저것도 아닐걸?'이라고 하게 될까?

그런──데

이거든 저거든 중요한 건,

지금 내가 쓰고 있는 이 얘기들이

왜 이렇게 쓸데없다 느껴지는 걸까……

이쯤에서 헛소리 그만합시다!

그럼 남들이 던져준 거로 힘들어하며 사는 거보다
내가 선택한 거로 힘들어하며 사는 게 낫지 않냐.
생각해 봐라. 너의 미래에 대해……
니가 생각할 때 가장 멋진 너의 모습에 대해……
그걸 이루는 길은
지금 그 회사 일을 때려치우는 것부터 시작이다.
너의 용기에 달렸다.
니가 다시 음악에 바치는 시간이 커질 때,
음악도 다시 너에게로 돌아올 거다.
다른 건 다 잊어도 그거 하나만은 기억해줘라.
늦지 않았다는 거……
"얼마나 오랫동안"이 아니고
"얼마나 뜨겁게!"라는 그 마음 말이야.
저녁에 전화할게!

혼자만의 꿈은 있어도 혼자만 하는 꿈은 없어

rnr헌 | 조회 62 | 19:06   댓글 6

1.

pop호가 호주에 왔다.

한국에서 함께 불태우던 음악적 열정을

우리는 몇 개월이나마 시드니에서도 태워보기로 했다.

생각만 해도 가슴이 터질 듯 즐거운 일이다.

먼저 시드니 어떤 병원 병실에서 노래했다.

pop호는 메인 보컬, rnr헌은 기타와 백업 보컬.

비틀스의 I feel fine――

환자들의 얼굴에 웃음이!

90살 호주 할머니의 얼굴에 웃음꽃이!

좋다. 젊다.

시끄럽게 오늘도 밤 9시까지……

2.

지금은 오전 10시 46분.

오늘은 센트럴 역으로 간다.

도전이다. 정말 기쁘다. 친구와 함께.

우린 할 수 있는 일을 찾았다.

길거리 공연!

......

오늘은 14불을 벌었다.

뭐, 돈은 관계없다.

우리는 멋대로 노래 불렀을 뿐이다.

비틀스부터 김현식, 복음성가도 불렀다.

한참 노래하는데 한 번은 허름한 차림의 40대 남자가 앞으로 지나가면서 가운뎃손가락을 치켜든 채로 우리를 째려보았다.

pop호는 노래하다 움찔했고,

나는 그게 엄지손가락인 줄 알고 정말 고맙다고 했다.

알고 보니 가운뎃손가락이었다.

그럴 땐 한번 크게 웃어주기로 한다.

"하하, 이 새...... 아니, 이 친구가...... 하하."

많은 사람이 찬사를 보내줄 때 그놈만이라도 우리에게

욕을 해주니 우리 자신을 점검할 수 있고, 그런 기회를 주었다면 차라리 고마워하며 웃어주는 거다.

그렇게 그놈은 지나가고,

다음에는 4살짜리 천사 같은 여자아이가 수줍게 다가오더니……

우리에게 초콜릿 박스를 내미는 거야!♡_♡

그리고 하나 고르래!

하나 집어 들고 고맙다고 하는데 갑자기,

하나 더 고르래!

아…… 흑흑.

또 고르고, "고마워, 안녕──" 했지.

그렇게, 사랑스러운 꼬마 숙녀도 지나가고,

이번에는 어떤 록커 같은 장발의 남자가 걸어오길래 나는 내심,

'저자는 우리의 음악을 알아줄 거다', 생각하고는 앞도 안 보고 열심히 기타를 쳤다.

그자는 우리 앞에 놓인 돈 넣는 잠바에까지 왔다. 그리고 거기에 뭔가를 놓고 갔다.

'열심히 하라고 돈을 주고 가는가?'

보니까,

먼지 쓰레기를 올려놓았다.

너무 황당하여 푸하 웃으면서 그의 뒤에 대고 "Thanks, man!" 하고 외쳤다.

그러자 그놈도 웃었고 우리도 모두 웃으며 끝났다.

pop호와 나는 계속 노래했다.

이번에는 어떤 흑인이 오더니 따끈따끈한……

통닭 한 마리, 치킨을 내미는 거야! 먹으면서 하라고!

그러면서 또 7불이나 주는 거야!

그리고는 복음성가를 한 곡 불러 달라는 거야.

우리는 한 곡 불러주고, 그 뒤에는 통성명하고 악수하고──

막 그런 거다. 사람 만나는 재미.

멋대로 부르고 실수하고 장난치는 재미.

어떤 사람은 자기도 기타 칠 줄 안다면서 내 기타를 빌려서 만져본다.

신청곡으로 비틀스의 Get Back을 청하고는 진지하게 듣는 이도 있다.

어떤 동양인들은 우리에게 일본인이냐고 묻는다.

아니, 아니지.

우리는 슈퍼 코리안!

김현식 노래를 불러주니 좋다고 놀란다.

후후……

모든 공연이 끝나고,

짐을 챙기는데 몇몇 사람들이 와서 잘했다고 고맙다고 칭찬을 건넨다.

pop호의 보컬이 특히 뛰어났다.

친구는 더욱 적극적이고 용감하게 변하고 있다.

앞으로 열릴 새로운 길들이 보였어.

음악은 음악으로 끝나는 게 아니라,

다른 사람을 위해 써야 한다고 생각해.

혼자 도취 돼서 멋 부리는 건,

그다지 마음에 와닿지 않아, 이젠.

친구랑 같이한다는 게 그냥 가장 멋지지 않아?!

💬 댓글 6

👤 **4tOMORROw01** 19:40
pop호 호주 언제 갔어?? 니그덜 완전 재밌겠구먼~~. 나 빼놓고 지금 뭐 하자는 겨???

↳ rnrhun 19:43
　　너도 와라. 방학에 비행기만 끊고 온나. 방바닥에서 같이 자자.

↳ 4tOMORROw01 19:45
　　ㅋㅋ 그렇게 쉽게 막 못 간데이... 나중에 언제 함 가야지.

↳ rnrhun 19:47
　　지난 번에도 그러더만 또 그러십니까;;; 일단 와봐~~

song922miz 20:06
우리 언제 만나면 니 키타 연주에 맞춰서 울 학교 다닐 때 부르던 노래들 좀 부르자. 그날이 올까마는... 생각만 해도 흐뭇해진단다. 이문세 콘서트엘 가서도 니가 생각났구.. 엄청 보고 싶고 듣고 싶은 팔팔한 너의 그 모습과 이야기들. 푸른 하늘 아래서 좋은 생각 많이 하고 즐겁게, 보람되게, 열심히, 자알, 유쾌, 통쾌, 상쾌하게 지내렴. 바이룽!

↳ rnrhun 20:14
　　선생님, 한국 가면 '키타' 들고 pop호랑 찾아뵐게요^-^ 만나면 우리의 오래된 노래들을 부르실까요~

혼자 재밌는 것보다 둘이 재밌으면 두 배 이상의 재미 보장이다.

자나 깨나 헛소리

1.

이런가 싶으면 저렇고

저런가 싶으면 이렇고

이런가 싶어도 저런 게 있고

저런가 싶어도 이런 게 있고

이랬으면 하면 저래 되고

저랬으면 하면 이래 되고

이런저런 사람들이

이런저런 일들과

이런저런 생각과 마음을 가지고

이리저리 휩쓸고 휩쓸리며

이런저런 사람들이

2.

내가 하고 싶은 일을 할 때 남들의 시선이 달갑지 않고,

내가 하고 싶은 일이 남들을 아프게 할 때 나는 죄책감을 느낀다.

반대로

남들이 내게 원하는 일을 내가 원치 않으면서도 할 때 나를 향한 분노가 일어나는 것을 본다.

죄책감이냐, 분노냐.

내 멋대로냐, 남의 말 따라서냐.

저렇게 두 상황으로만 나누는 건 위험하다.

그치만 저 두 가지로 나뉘는 때가 많다.

3.

눈에는 눈

이에는 이

두려움에는 두려움

쪽팔림에는 쪽팔림——

그런 말도 못 들어 봤냐.

편안한 생활을 뿌리치고 고생을 택하는 무모함이 없다?

변해야 한다고 알지만 두려워 변해야 할 줄을 모른다?

그건 곧,

시작하기도 전부터 자기는 진 거라 정해놓는 자멸!

싸워보지도 않고 싸워볼 것도 없이 안 된다는 최면!

저기,

맨날 찡그린 얼굴로 일하는 아저씨를 보아라.

그의 젊은 시절 모습을 지금의 네가 보여주지 말아라.

그런 청춘은 아니어야 한다, 우리.

4.

결과는 결과가 알아서 할 것이다.

결과는 결과의 일이지 우리의 일이 아니다.

사실 결과라는 것은 자기가 어떻게 느끼는가일 뿐이다.

수백억을 벌어도 억울한 불행의 삶일 수 있고,

남들 눈에는 기별도 안 가지만 그 자신은 남모를 만족과 재미의 풍성함으로

저 잘난 세상을 약 올릴 수 있다.

후자야말로 멋진 일이 아니냐?

결과보다 중요한 것은 재미다.

아니, 재미 그것이 바로 가장 좋은 결과다.

이만!

5.

세상의 소리 때문에,

당장 눈에 보이는 상황의 풍경 때문에,

너의 소중한 꿈과 소망,

스스로 포기해버리지는 마!

자, 이제 만인 앞에 너의 꿈을 당당히 밝히고

최대한 아름답게 한 걸음씩 걸어가자.

걷다가 죽어도 후회 없을 정도로 재미있게!

사랑스러운 실패 님과 어여쁜 어려움 씨 덕분에

더욱 아름답고 찬란할 너의 꿈!

친구들도 자기 자신과 대화의 시간을 가지길 바라며.

안녕!

6.

잠시 주춤했다.

괜히 머리 아프게 머리 굴렸다.

가끔은 아무 의미도 찾지 말아야 할 때가 있나 보다.

가끔은 완전 바보가 아니라 어느 정도 멍청이가 되어야 할 때도 있나 보다.

지금 중요한 건——

아하하!

웃으며 일어나는 것.

작게 다시 시작하는 것.

계획을 세워보는 것!

자자…… 새로이 시작이다!!

한 번 더 힘내고!!

그럼——

7.

위험부담이 있어야 성취감도 있다.

완벽한 시나리오로 준비하려 한다면

니가 완벽하게 준비하는 동안에 니가 하려 했던 일은

이미 다른 사람이 하고 있을 거다.

여러 가지로 생각해보고 계획은 꼼꼼히 짜되,

결단이 서면 그때부터는 직선적으로 시작하자.

8.

뭘 해야겠다는 생각이 들면 곧바로 실행에 옮기자.

실천은 영감의 수명을 연장해준다.

그리고 영감은 창조의 생명력으로 보답할 것이다.

9.

역사는 믿음에 의한 실천으로 바뀌지,

알고만 있는 것으로는 바뀌지 않는다.

믿는다는 것은, 나가서 몸을 굴린다는 것이다.

10.

소망의 인내란,

꿈을 가지고 노력하는 것이다.

끝까지 참는 것이다.

꿈이 있다면,

어렵다고 팔딱팔딱 뛰지 마라.

11.

100개 깨닫고 3번 실천하는 것과

100번 실천하고 3개 깨닫는 것 중 후자가 낫다.

깨달았을 때 많이 기쁘다.

그치만 실천하지 않으면

입술만 펄럭이는 열성종교인 부류가 되어버린다.

너무 많은 걸 깨달으려고만 하면 나중에 깨닫는 건,

길에 가서 동냥하는 것밖에 없다.

12.

실천이 없으면 진정성이 없다.

진정성의 나사가 빠진 종교인이 입으로 하는 노력이 바로 '티 내기'다.

그건 한마디로 깡다구 없는 짓이다.

몸으로 말하지 않으면 힘이 없어 공허하다.

따라서 시간 낭비, 인생 낭비가 된다.

'말'을 할 시간에 '몸'을 하라.

13.

원망과 불평은 습관이고,

성공하지 않는 정말 확실한 길이다.

푸념도 습관이고,

남 씹는 것도 습관이다.

습관에 따라 좋은 사람과 나쁜 인간이 구분되어도 나는,

한마디 할 말 없다.

14.

너의 특별한 소질은 네가 계발할 의무가 있다.

아직 숨이 붙어있는 이상은 언제나!

15.

남이 뭘 해주기를 기대하고 남에게 의지하는 것보다,
그냥 내가 가서 하는 게 더 정확하고 빨라!

16.

망설임, 부끄러움, 체면은 정복해줘야 맛이다.
그럴수록 더욱 무모하고,
그렇지 않을수록 더욱 그러하라.

17.

완벽할 것 없다. 완벽할 수 없다. 실수와 실패를 반복하는 사람들이 이렇게 저렇게 모여 한데 뭉뚱그려 사는 것이, 사는 것이다.

18.

어떤 일에 새로운 아이디어를 제시했을 때 찬반이 있는 것은 당연하다.
반대 때문에 마음이 약해질 필요가 없다. 자기 생각의 가치를 믿는다면.

19.

남이 잘못하고 있을 때 나는 그를 그 실수 하나로 다 평가한다. 하지만 실수한 하나를 가지고 그 사람을 평가 완료 하면 나는 실수 이상으로 실패 완료 하는 사람이 된다. 아직 완료되지 않은 경기를 다 완료된 것으로 여기는 태도야말로 실패와 가까우니까.

20.

자기가 가장 즐겁게 할 수 있는 일을 발견하는 순간도 모르고 죽으란 말이냐?

💬 댓글 2

👤 song922miz 21:52
혹시나 하고 들어왔더니... 반갑다, 네 글 보니까. 끝없는 도전정신이 바로 젊음의 상징 아니겠니? 열심히 네 꿈을 향해 도전해보렴. 울 학교 개교기념일이 16일인데, 혼자만의 여행을 꿈꾸고 있단다. 성공적으로 다녀오면 자랑할게. 난 잠자러 가야겠당. 또 보자.

 ↳ 👤 rnrhun 22:03
 꿈꾸다! 이 얼마나 멋진 말인가요. 선생님 '삼삼'하셨을 적에 저희를 가르쳤으니... 이제는 마흔이 아니신가요??? 마흔! 그 '두 번째 스물'까지 여전히 꿈꿀 수 있는 선생님처럼 저도 마흔이 되어서도 꿈을 이야기할 수 있는 마흔이면 좋겠네요~~ 그럼 안녕히 주무시고요!

열심히 산다는 거 그 자체로 성공일까요

✉ 보낸 사람 | **rnrhun** <rnrhun@daum.net>
✉ 받는 사람 | **wootaekch** <wootaekch@daum.net>

아빠, 잘 계시죠?

슬프게도, 저는 목·금·토·일 기타를 거의 못 쳤습니다.

대신 청년 집회에 참석하고 다시 한번 미래를 생각해보는 시간을 가졌습니다.

내일 개학인데, 지금 걱정 없고요. 불안하지 않고 잘 준비되어 있습니다.

이런 것이든 저런 것이든 정말 가치 있는 길로 선택해서 이루고자 합니다.

그런데 엄마 아빠 할머니를 생각하면,

내가 돈을 벌고 성공하는 그림이 조금은 '그래야만 한다'는 식으로 제 마음에 떠오를 때가 있네요.

그래서 세상에서 말하는 성공이나 보통 사람이 세상을

사는 방식에서 별로 벗어나지 못할 것 같기도 하고,

양쪽 발을 각각 다른 곳에 딛고 있는 거 같아 불안할 때도 있고요.

엄마 아빠한테는 제가 호주에서 겪는 일은 거짓말하지 않고 말씀드리지만,

말씀드리지 않고 혼자 생각하며 마음에 담아 둔 내용들은 모르시겠죠.

그건 아마 내 미래가 어렵고 고생스럽고 힘들고 누군가를 위해 죽고…… 하는 모습들을 그리는 예감 같은 내용인데……

그런 것들이, '돈을 벌어 부모님과 가족을 편하게 해드려야 한다'라는 의무감과 뒤섞여서,

기타리스트로 유명해지고 힘든 사람을 도와서 부모님과 나 자신까지 만족시키려고 뜻을 정하고 있었는데—제가 사람들에게 인정받고 성공하면 부모님도 물론 좋으시겠죠.

하지만 저는 앞으로 어떻게 될지 모르겠습니다. "열심히 산다는 것은 그 자체로 성공이다"라는 말을 아빠가 납득하신다면,

과정보다는 눈에 보이는 결과로 성공을 재는 사람들에

게 제가 못나 보이고 바보 같은 놈이 되면 부모님 마음이 아프시겠지만……

그런데 정말 가치 있고 진실 되게 산다면 부모님도 나중에는 이해하시리라 생각합니다.

가장 열정적으로 가치 있는 일만 선택하면서 그쪽으로 가려합니다. 더 멀리 보며 살려 합니다.

……

제가 이렇게 말씀드리면,

이 녀석 또 무슨 꿍꿍이인지 궁금해 하시겠지만,

걱정 마시고 어떤 이상한 아들놈이 되든지 믿고 조금 더 지켜봐주세요.

지난 방학에 한국 갔을 때 엄마가 "난 평범한 아들을 원한다"고 하셨지요.

저도 가끔은 가슴 한 구석이 빈 것 같아지면서 평범한 삶 쪽으로 힐끗대기도 합니다(과연 뭐가 '평범'인지는 사람마다 좀 다르겠지만).

음——

앞으로는 어떻게 될지 모르겠습니다.

그치만 좋은 말씀으로 속을 채우고 좋은 활동으로 하루를 채우면서, 하는 모든 일을 더 열심히 하겠습니다.

이상한 사이비 광신도의 말에 현혹이 되거나 한 게 아니니 걱정은 마시고……

바른길을, 참된 길을 찾아갈게요.

그럼 건강하시고요.

또 메일 드릴게요!

Interlude
>>>

눈을 뜨면 연습, 눈을 감을 때까지 연습.
나의 언어는 말에 있지 않고 연습에 있다.
실력이 가장 향상된 학생에게 수여하는 상인
the Most Improved Musician Award를 받게
되었다.

musician 아들에게

✉ 보낸 사람 | **wootaekch** <wootaekch@daum.net>
✉ 받는 사람 | **rnrhun** <rnrhun@daum.net>

헌아,

네 이메일 오늘 아침에 읽었다.

정말로 기쁘구나.

참으로 장하구나.

객지에 혼자 나가서

여러 가지 어려움을 극복하고

Most Improved Musician으로 선정됐다니

놀랍고 기쁘구나.

모든 게 다 노력의 대가이지.

노력밖에는 아무것도 없다는 것을

네가 잘 보여준 거야.

앞으로도 더 열심히 해서

학교 안이 아닌 밖에서도

호주만이 아닌 더 넓은 무대에서도

네 이름이 빛나길 빈다.

헌아,

아빠가 얘기한 것처럼

일이 잘 풀리고 연주가 잘되고

칭찬과 관심을 끌수록

기분이 좋을수록

마음을 안정시키고 서둘지 말고

들뜨지 말거라.

일이 잘될수록

더 차분하게 더 냉정하게...

그러면서 더 열심히 연습해서

날마다 새로 태어나도록 해보자.

먹는 것 신경 쓰고

안전에 늘 조심해라.

여기저기서 테러로 난리니 말이야.

건강하거라.

헌이 화이팅!

안녕...

Hi… we are a blues band

✉ 보낸 사람 | **rnrhun** <rnrhun@daum.net>
✉ 받는 사람 | **Blues Office** <admin@bluesfestiv.com.au>

안녕하세요.

저는 rnr헌이라고 합니다. 시드니에서 현대음악을 전공하고 있는 스무 살 청년입니다.

저는 학교 친구들과 블루스 밴드에서 연주하고 있습니다. 보컬, 기타, 드럼, 베이스로 구성된 4인조 밴드입니다. 우리는 자작곡도 연주하고, 로버트 크래이, 에릭 클랩턴, 비비 킹, 척 베리, 지미 헨드릭스, 뮤터 워터스, 존 리 후커, 로벤 포드, 그리고 엘비스 프레슬리까지 커버합니다.

우리는 전통적인 블루스 곡부터, 라카빌리, 락 블루스도 연주하는데, 커버 곡들은 우리만의 스타일로 재해석합니다. 듣는 이들이 새롭게 즐길 수 있게 우리만의 맛을 가미하는 것이지요.

보컬은 휠체어를 타는 친구인데, 블루스에 애정과 열정이 남다릅니다. 그는 프로페셔널 싱어로 6년간 활동하면서 마크 윌리엄스, 잭키 러브, 휴먼 네이처 등과 함께 공연하였습니다.

 우리는 학교에서 '최고의 밴드'로 선정되기도 했습니다. 우리는 학교에서 밴드를 결성했지만 클럽에서도 연주하고 있습니다. 우리는 블루스 밴드로 성공하고자 아주 진지하게 활동하고 있습니다. 주최하시는 블루스 페스티벌에서 꼭 연주할 수 있기를 원합니다.

 답장 주시면 감사하겠습니다.

 Yours sincerely

 rnrHun

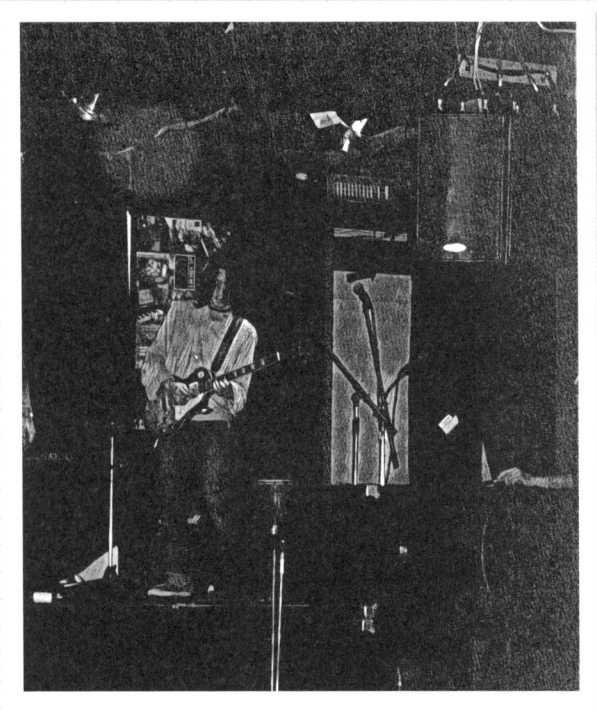

'꾸준함'은 저 멀리 있는 것과의 사이를 날마다 가까이로 주선한다.

Interlude
>>>

꿈이란, 멋이 아니라 맛으로 하는 거다.
미국 버클리음대 장학생 오디션에 도전하여
장학생으로 선발되었다. 호주에서 현대음악
과정을 마친 뒤, 보스턴의 버클리음대에
입학했다.

아빠는 못 한 거 네가 잘 해다오

✉ 보낸 사람 | wootaekch <wootaekch@daum.net>
✉ 받는 사람 | rnrhun <rnrhun@daum.net>

헌아,

미국 유학을 축하한다.

촌놈이 출세했구나.

그것도 그 유명하다는 버클리음대에 가다니…

사실 아빠도 시골에서 초등학교 선생님 하면서 미국에 공부하러 가려고 노력을 했단다.

뉴욕주립대학 통신과정에 들어가서 1년 정도 공부도 했어.

처음이니 작문, 글쓰기 등 기본적인 것 공부했지.

미국에서 우편으로 숙제를 보내오면

밤잠 안 자고 아빠 혼자서 끙끙거리며 사전 찾아가며 숙제해서 다시 우편으로 보내는 거였지.

우편물이 오가는 시간이 걸려서 좀 진도가 늦었는데 점수는 그래도 잘 나왔어.

마침 영자신문 코리아타임즈에 들어가는 바람에 공부를 중단하고

나리 낳고 너 낳고 지금까지 살고 있단다.

아빠가 못 한 것 네가 잘 해주리라 믿는다.

유학을 축하하면서 몇 가지만 주문할게.

첫째로 자부심을 가지고 어깨 쫙 펴고 학교에 다녀라.

유학을 가고 싶어도 실력이 달려서 못 가는 친구도 있고, 실력은 있어도 집에 돈이 없어서 못 가는 친구도 있지. 그렇지만 너는 실력도 있고 엄마 아빠가 관심도 많아 유학을 가게 됐으니 자부심을 갖고 누구를 만나든 당당하게 해라. 그렇다고 자만하거나 거만해서는 안 된다.

둘째로 네가 하고 싶은 공부를 좋은 대학에서 하게 됐으니 최선을 다해라.

과거에는 수능이나 입학시험 잘 보는 게 최고였지만 이제는 세상이 바뀌었다. 너처럼 하고 싶은 것 열심히 하는 게 최고인 세상이 됐다. 21세기는 전문가 시대다. 최선을 다하지 않고는 결코 프로, 전문가가 될 수 없다.

셋째는 경제에 눈을 떠야 한다. 경제는 돈을 의미하는

데 돈은 인생의 목적은 아니지만 사람이 살아가는 데 꼭 필요한 것이다.

네가 음악 활동을 멋있게 하려고 해도 돈이 있어야 한다. 여기저기 다니며 공연도 해주고 봉사하고 네 사업을 하려 해도 돈이 없으면 할 수 없다.

돈이 있어야 없는 사람 불쌍한 사람도 도와줄 수 있다. 불쌍한 사람 보고 아무리 안됐다고 해도 소용없다. 그들은 백 마디 말보다 입을 옷이나 먹을 음식이 더 필요하다.

넷째는 돈을 아껴 쓰거라. 아빠가 충분한 돈은 보내지 못하지만 최대한 아껴서 쓰거라.

미국 보스턴은 학생들이 많아 별별 놈이 다 있다. 공부는 안 하고 한 달에 몇백만 원씩 푹푹 쓰는 놈도 있고, 몸만 가지고 미국에 와서 너보다 더 어렵게, 그야말로 똥구멍이 찢어지게 사는 놈도 있을 거다. 돈 푹푹 쓰는 것을 배우지 말고 고생하면서 학교 다니는 학생들을 보고 용기, 투지, 패기를 배우거라.

미국 가서 좀 있으면서 요령이 생기면 네 생활비는 네가 벌어서 쓴다는 각오를 해야 한다. 학비만 집에서 대주고 나머지는 어떻게든 네가 해결한다는 뜻을 세우거라.

다섯째는 좋은 인간관계를 맺어야 한다.

버클리 음대는 세계 각국에서 난다 긴다 하는 놈들이 오기 때문에 그들은 너의 경쟁자이지만 무엇보다 너의 친구다. 많은 사람을 잘 사귀어 놓으면 네가 세계 어느 나라에 가도 친구가 있고 같이 음악하는 사람이 있으니 얼마나 좋으냐. 다 나중에는 네가 활동하는 데 씨앗이 된다는 점을 명심해야 한다. 교수님들과도 잘 지내고.

여섯째는 언제나 그랬듯이 건강과 안전이 최고다. 불필요하게 친구들과 어울려 밤늦게 돌아다녀서는 안 된다. 미국 사람들은 총을 거의 다 가지고 있기 때문에 되도록 늘 조심하고 적을 만들어서는 안 된다. 손가락질하거나 욕하거나 다퉈서는 절대로 안 된다. 다 기분 좋게 대해주고 웃어줘라.

유학생들이 마약에 빠지는 경우가 많은데 절대로 마약 같은 것 하지 마라. 술은 먹을 수는 있지만 안전한 장소에서 조금만 먹고 담배는 피우지 말거라. 건강을 위해서. 아빠는 너를 확실히 믿는다.

마지막으로 미국에 가도 너는 한국 사람이라는 것을 잊지 말거라. 어려울 때, 괴로울 때, 힘들 때, 공부가 잘 안될 때는 한국을 생각해라. 할머니, 엄마, 아빠를 생각하고 누나를 생각해라. 친구를 생각하고…

많은 사람들이 너를 위해 기도하고 있다는 것을 잊지 말고 늘 희망과 용기, 꿈과 비전을 가지고 멋진 유학 생활이 되길 빈다.

반드시 성공해서, 인천 공항에 내릴 때는 어깨 쫙 펴고 목에 힘주고 들어오기 바란다.

헌이 화이팅!

미국 가서 편지하거라.

아빠가...

장소는 바뀌어도 바뀌지 않는 것

✉ 보낸 사람 | **rnrhun** <rnrhun@daum.net>
✉ 받는 사람 | **wootaekch** <wootaekch@daum.net>

아빠 잘 지내시죠?

여기 보스턴은 좋습니다.

많은 일들이 있었는데 어떤 것부터 말해야 할지……

꽤 좋은 소식도 있고, 아주 좋은 것 같진 않지만 좋을 소식도 있는데……

우선 좋은 것부터 하죠.

먼저 장학금이요. 앞으로 장학금을 갱신해서 더 많이 받을 수 있는데 그러려면 'get involved'가 중요하대요. 다른 사람이랑 어울려서 뭔가를 하는 것을 'get involved'라고 하는데요, 봉사 활동을 많이 하고 남들과 연주도 많이 하는 거 같은 사회적 활동이 성적보다 장학금 받는 데 더 중요하다네요.

장학금 때문은 아닌데, 벌써 밴드가 만들어지고 있어요. 학교 친구들 하나하나 모아서 현재까지 드럼 아프리카계 미국인, 베이스 불가리아인, 색소폰 중국계 미국인, 플룻 독일인, 바이올린 일본계 독일인 이렇게 구했고요, 키보드랑 싱어만 찾으면 돼요.

11월 3일에 학교에서 공연하는 거 등록할 수 있거든요. 그럼 한 12월이나 1월쯤에 학교에서 공연하게 될 거예요. 반응 좋으면 클럽이나 여기저기서 연주하면서 경험도 쌓고 생활비도 마련해볼 작정이고요.

학교생활, 기타 연습도 잘 하고 있어요. 애들이 '버클리에서 제일 열심히 하는 한국 학생'이라고……

그런 소리를 호주에서 들었는데 여기서도 듣다니.

원래 "열심히"라는 단어와는 거리가 먼 삶을 고등학교까지도 살았는데……

음악이 맞기는 맞는가 봅니다.

이제 분위기를 바꿔서——

지금 지내는 집은 방 3개에 여섯 명이 사는데 학교까지 버스로 20분밖에 안 걸려서 좋아요. 방세도 한 달에 275불(약 28만 원)이니까 보스턴치고는 아주 싼 편이고요.

그런데 어제 아침에 주인이,

"너 12월에 나간다고 안 했냐?" 묻길래

"아니. 그런 말 한 적 없는데?" 했죠.

그러더니 너 원래 여기 temporary(잠시)로 머무르기로 한 거 아니었냐고 하면서 새로 집 구해서 나갈 시기를 명확히 알려주겠냐고……

그래서 다음 봄학기 시작 전까지 나간다고 했죠.

무표정한 얼굴로 나가 달라고 차근차근 설명해주는데, 조금은 서운함이 들더라고요. 친하게 지냈던 거 같은데 말이죠.

하지만 그런 마음은 버리기로 했어요. 충분히 그럴 수 있다고 생각하면서요.

이 집에 살면서 지킬 것을 잘 지켰는가 나를 돌아보니까 그런 마음은 더 안 들더라고요. 웃는 얼굴로 지내고 나갈 때도 그렇게 나가야죠.

앞으로 이사 가면 독방을 쓰면 좋겠다는 생각을 했어요. 지난 한 달 반 룸메이트 형과 잘 지냈는데, 다만 밤에 형이 두 시까지 컴퓨터 하는 것 때문에 새벽에 일찍 못 일어나고, 일어나도 몸이 영 찌뿌둥했지요. 그래서 나중에는 꼭 독방으로 가야겠다 생각했는데, 이제 때가 정해진 거죠.

먹는 것도 조금 고민이에요. 식비 아끼려고 하루에 점심 한 끼만 제대로 먹고(5불. 빵에 고기와 야채 들은 것), 저녁에는 학교에서 연습하면서 초코바(60센트)랑 피자 한 조각(2불), 음료수 한 잔으로 대충 때우는데, 매일 그렇게 하니까 속이 좀 안 좋네요. 엊그제는 화장실 가니까 초록색이었어요.

집에 와서 저녁을 해 먹고 다시 학교로 갈까 생각 중인데, 연습 시간이 줄어드니 좀 꺼려집니다. 그래도 이 방법이 최선 같아요.

한국에 있는 누나랑 가족들은 돈을 잘 안 쓰는데 저만 여기서 많이 쓰는 거 같네요.

그래서 더 안 쓰려고 하는데, 어쩔 수 없이 써야 하는 때가 생기네요.

지금 어떻게 보면 집도 쫓겨나는 거 같고, 룸메이트와 지내는 것도 기타에 지장이 되는 거처럼 들릴 수 있지만……

호주에서처럼 집주인이 시끄럽다고 욕하면서 쫓아내는 게 아니니 얼마나 감사합니까.

고생 무지 해야 할 것 안 하고 좋은 데서부터 시작하는 거죠.

그다음 진짜 my place로 가게 될 거니까 기쁜 일이죠. 고마운 일이죠.

그럼……

건강히 잘 지내세요.

다음에 또 좋은 소식으로 편지 드릴게요.

할머니 엄마 누나 안부 전해주시고,

안녕히……

Re: 장소는 바뀌어도 바뀌지 않는 것

✉ 보낸 사람 | **wootaekch** <wootaekch@daum.net>
✉ 받는 사람 | **rnrhun** <rnrhun@daum.net>

  헌아, 편지 잘 받았다.

  어려운 가운데도 잘 하고 있구나.

  우선 식사는 네가 생각한 대로 아침은 집에서 먹고, 점심은 학교에서, 저녁은 집으로 돌아와서 먹는 게 제일 좋을 것 같구나.

  공부나 연습보다 우선 중요한 게 건강이니까 끼니 맞춰서 꼭꼭 먹어야 한다.

  방은 네가 편리한 대로 해라.

  다음 학기 시작 전까지는 지금 사는 데서 살다가 2학기부터 집을 옮기든지 편리한 대로 하거라. 또 좋은 데가 분명히 있을 거야.

  그때까지 집 사람들에게 고맙게 생각하고.

학교생활은 참 재미있겠구나.

밴드 잘 구성하고 그 친구들과 잘 지내라.

싱어는 네가 노래 부르면서 기타 치면 안 되나? 사실 싱어가 참 중요한데.

멋있는 밴드 구성해서 멋지게 공연해봐라.

네가 제일 열심히 하는 학생으로 불린다니 대단한 일이구나.

제일 열심히 하는 학생 소리 들으면 분명히 제일의 밴드도 구성하고 제일의 뮤지션도 될 거야.

자신감을 가지고 열심히 하자.

밥 많이 먹어라.

춥지 않게 옷 따듯하게 입고 다니고.

학교 오갈 때

시내 다닐 때

차 특히 조심하고…

잘 있거라.

안녕…

생활이라는 인생 과목

✉ 보낸 사람 | **rnrhun** <rnrhun@daum.net>
✉ 받는 사람 | **wootaekch** <wootaekch@daum.net>

엄마 아빠, 잘 지내시죠?

보스턴은 날씨가 춥다는데 집에만 있으니까 추운지 잘 모르겠습니다. 그제 영사관에 갔다 올 때는 정말 추웠죠. 병역 연장 신청하러.

오늘도 5시에 눈떠서 세수하고 정신 차린 뒤 책상에 앉았어요. 지금은 8시고요.

……

방에서 옆집 인터넷 전파가 잡히는데, 요즘 유럽 정보를 좀 검색해봤어요. 세상에 어떤 사람이 뭐 하고 사는지 들여다보는 기회였어요. 나보다 먼저 로마에서 파리까지 자전거로 3000km 주파한 사람도 만나고요.

음……

인터넷은 몰랐던 사람을 만나게 해주고 그래서 도움도 많이 얻는데, 근데 뭐랄까요, 알짜배기가 아닌 시간도 생기는 게 사실이죠.

무선인터넷이 안 잡힐 때는 마음이 산만하지 않고 책 속에만 머물러서 좋았는데, 선이 없는 인터넷이 선을 넘어 내 삶 깊숙이 들어오면서 마음이 들뜨게 되는 거 같기도 하고요.

전엔 그런 거 없이도 즐겁게 살고 생활의 집중이 있었는데……

인터넷이 좋게 쓰일 수도 있지만 무지막지한 시간 낭비가 될 수도 있지요.

요새 며칠간 인터넷이 좀 잘 잡힌 뒤로 하루에 적을 때는 1시간 30분? 많을 때는 5시간?

이때 다른 쓸데없는 걸 하는 건 아니고, 유럽에 관한 여행기와 정보가 있는 사이트를 뒤지고 또 이메일도 썼어요.

그런데 이렇게 하면 답장을 기대하게 되니까 또 인터넷을 찾게 되죠. 이게 정신병의 일종이 아닐까 합니다.

음……

그래서 이 녀석을 어떻게 해야 하는지……

필요하다면 필요하죠. 그 3000km 주파한 사람 때문에 자전거 여행 정보도 많이 얻었고요.

안 쓰려고 하면서 쓰면 괜히 마음 더 복잡하니까, 하루에 한 시간만 딱 정해서 쓰는 게 좋을 거 같아요.

그럼 이제 학교에서 일자리만 구하면 생활과목 A학점입니다.

돌아보면 이번 방학은 전기와 후기로 나눠서,

전기는 문명과 동떨어진 생활── 연습, 독서, 꿈꾸기, 계획 짜기!

후기는 연습과 함께 유럽 자전거 여행 검색 및 그 개척자들과 연락, 좋았습니다.

방도 깨끗하게 치우고 살았고──

빨래는 한 달에 한 번만 해도 살 수 있게 되었고──

양말은 양면으로 번갈아 신으며 최대한 버티고──

수건 똑같은 거 계속 쓰기──

밖에 안 나가면 안 씻기──

등등 그렇게 연습 시간 확보하기── 성공! 좋았고요.

앨범 정리도 추억 정리도 깔끔하게 했어요.

돈도 많이 안 썼고요. 방학하고는 외식도 거의 안 했어요.

단지 난방비가 비싸네요! 그리고 국제전화카드!

어쨌든 이번 방학은…… 한마디로 이것 때문이라고 말하기는 좀 복잡한데, 참 좋았어요. 2학기 준비도 잘됐고, 무엇보다 마음이 잘 준비되었고……

이제! 다음 학기와 유럽 자전거 여행을 바라보며

저는 이만.

건강하세요.

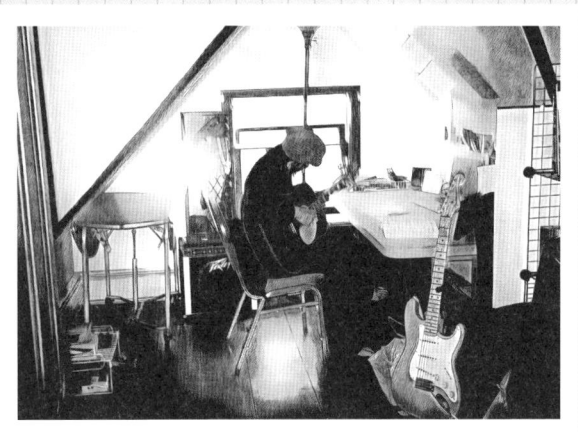

홀로 고요한 시간 속으로 들어가면 거기서 보물섬을 만난다.

스무 살에 늦은 것이 있다고 한다면

오랜만!

오늘 좀 신기한 사람을 봤어.

결혼도 하신 분인데, 30대 후반? 40대 초반?

하는 일은 교회 전도사님이래.

근데 버클리에 키보드 전공으로 왔어.

"어떻게 버클리 오셨어요?" 물어보니까,

"음악이 너무 좋아서 도저히 안 되겠더라고요"라는 거야.

키보드를 아주 잘 치는 건 아닌데,

나는 이 전도사님이 버클리에서 가장 위대한 뮤지션이 아닐까 싶더라고.

왜 그렇게 생각이 들었냐면……

잘해서 잘하는 건 누구나 할 수 있지.

하지만 나이부터 시작해서 여러 환경의 제약……

그런 게 얼마나 어려움이 되는지 알면서도,

"좋아하기 때문에"라는 이유만 가지고

어떤 고생도 받아들이려 하는 모습에서 그런 생각이 들었던 거야.

마흔 전후의 그 전도사님을 보면서,

과연 스무 살에게 '늦은 것'이란 게 있을 수 있을까……라는 질문이 든다.

"늦어서 안 된다"라는 말이 20대에게는 허락되지 않았다는 생각이랄까.

시간적 차원에서만은 아니야.

그분이 키보드를 엄청 잘 치는 건 아니라고 했지.

결혼해서 가정이 있으니 경제적으로도 빠듯한 거 같아.

하지만 뭐가 갖추어져야,

돈이 넉넉해야,

뭘 할 수 있는 게 아니라고 친히 몸으로 보여주고 있던 거야.

좋으면 하는 거야.

대신, 그냥 하는 게 아니라

저분처럼 위험스럽게 하는 거야.

위험하게시리 자기를 딱 걸어 놓고 말이지.

그런 사람은 무엇보다, 대충대충 하는 법이 없다.

그래……

하면 하게 되고

하면 배우게 되고

하면 잘하게 되고

하면 갖추게 된다.

실력이나 돈이 없는 게 문제가 아니라,

나를 기꺼이 던지겠다는 그런

용기가 없는 게 문제일 거야.

그건 다른 말로는,

"너무 좋아서 도저히 안 되겠더라고요"라고 하는

애정과 열정이면 충분하겠다는 거고!

💬 댓글 3

👤 chohiden 16:30
헌아, 사람이 하고 싶은 게 있다는 거 자체가 축복이다. 마흔 되도록 뭘 해야 하는지를 모르겠어서 그냥 돈 되는 일만 찾아서 사는 사람도 많지. 자기가 뭘 진짜 하고 싶은지, 그런 생각 없이 삶이 굴러가는 대로 구르며 사는 사람들도 많고. 그러다 보면 어느 순간부터는 자기가 뭘 하고 싶은 사람인지조차 모르는 상태가 될 거다. 모르고 싶어서 모르는 게 아니라, 알고 싶어도 모르는 고통이지...

> 🧑 rnrhun 16:43
> 뭘 하고 싶어도 뭘 하고 싶은지 모르는 고통이라면 그게 어떠할지... 세상에 별 희한한 고통이 다 있네요.

> 🧑 chohiden 16:50
> 자기가 바라는 걸 고민하고, 누가 보든 말든 그쪽으로 자기의 무거운 발을 옮기면서 발바닥에 상처가 나본 이들만 자기가 뭘 정말 좋아하고 또 원하는지 알지. 헌이 나이에는 그러한 자기 이해를 부지런히 키워갈 때다. 이건 젊은 날의 옵션이 아니라 필수지. 그럼, 담에 보자!!

영하 20도에 눈까지 내려도 네 길을 가라

✉ 보낸 사람 | **wootaekch** <wootaekch@daum.net>
✉ 받는 사람 | **rnrhun** <rnrhun@daum.net>

 내일이 명절이라 엄마와 할머니는 부엌에서 음식 만드느라 바쁘고, 아빠는 조금 있다가 떡집에 떡 가지러 가야 한다.
 나리는 밖에 나가고, 명절이라 먹을 것도 많은데 네가 먹을 수 없으니 아쉽구나. 떡에 과일, 고기 모두 많은데 우리만 먹고 있구나.

 개학하고 느낌이 좋다고 하니 정말 다행이구나. 시작이 좋으면 끝도 좋을 거야. 열심히 해라.
 그리고 돈 버는 일에 대해 너무 고민하지 말아라.
 학교에서 일할 수 있으면 약간만 하고, 학교 밖에서는 일자리 구하려고 자꾸 신경 쓰지 마라.

몇 푼 더 벌겠다고 아르바이트로 시간 빼앗기는 것보다 공부 열심히 해서 장학금 받는 게 훨씬 좋다.

너는 네 생각, 네 의지, 네 페이스를 지키며 지내라.

그게 너를 위하고 엄마 아빠를 기쁘게 하는 길이다.

학교에서 하는 아르바이트는 네 순번이 올 때까지 기다리고,

기타나 열심히 연습하고 학교생활에 전념해라.

엄마 아빠가 너 미국에 보낼 때 힘들지만 공부하라고, 기타 잘 배우라고 보낸 것이니 공부에만 모든 신경을 써라. 그게 부모의 바람이다.

여기는 어제저녁에 눈이 많이 왔어.

엄마랑 이마트 갔다가 집까지 2시간 30분이나 걸렸어.

완전 빙판에 눈이 쏟아졌거든.

눈을 보니 너 있는 보스턴 생각이 나더구나.

춥지 않게 지내라.

헌아,

다시 한번 말하지만,

아르바이트 찾아 헤맬 시간에 더 기타 치고 공부해서 장학금 더 많이 타는 작전을 짜보자.

남이 뭐라 하든

남이 뭐를 하든

너는 개의치 마라.

어디까지나 너는

너의 길을 가는

너라는 것을 잊지 말아라.

창밖의 흰 눈을 바라보면서

아빠가…

안녕…

헌, 화이팅…

Re: 자전거와 텐트, 기타 그리고 유럽

✉ 보낸 사람 | wootaekch <wootaekch@daum.net>
✉ 받는 사람 | rnrhun <rnrhun@daum.net>

사랑하는 헌아,

어제 보낸 긴 편지 잘 읽었다.

편지 받고 아빠는 회사에서 눈물이 나왔다.

전철에서도 혼자 울었다.

엄마는 밤새 잠도 못 잤다.

네 계획대로 젊어서 1년간 자전거로 세계를 보는 것도 좋지만 인생에는 때가 있는 법이다.

공부할 때 공부하고 장가갈 때 장가가고...

그 때를 놓치지 말아야 하는데 그 때가 자꾸 지나가는 것 같아 안타깝구나.

엄마 아빠는 네가 1년간 휴학하고 유럽 자전거 여행하는 것 반대다.

일단 대학 마치고 군대 갔다 와서 그 다음에 네가 알아서, 네 마음껏 여행을 하든 뭐를 하든 하는 게 엄마 아빠의 바람이다.

네가 1년간 휴학하는 것은 엄마 아빠의 마음을 아프게 하는 것이니 공부부터 마치도록 해라.

네가 휴학하고 공부라도 중단한다면 엄마 아빠는 힘들게 일할 맛이 안 난다.

유럽은 생각하면 낭만적이지만 실제 생활해보면 그게 아니다.

아빠도 취재하러 영국 프랑스 네덜란드 스웨덴 스위스 이태리 덴마크 등 다 가봤는데, 버클리에서 열심히 공부하는 게 최고다.

휴학하고 유럽을 1년씩, 그것도 자전거로 여행하면 물론 배우는 것도 많고 너도 많이 성장하겠지만,

그것은 자칫 공부를 중단하는 일이 될지도 모른다.

참으로 걱정되는구나. 제발 그런 일이 없기를 바란다.

네 생각은 어떤지 몰라도 엄마 아빠가 고생하는 것은 네가 대학을 정상적으로 마치고 군에 갔다 와서 네 마음껏 활동하도록 길을 열어주기 위해서다.

아무리 생각해도 네가 엄마 아빠를 사랑하는 것은 1년

씩 자전거 여행한다고 대학을 휴학하는 게 아니다.

　엄마 아빠가 한 살이라도 젊었을 때 너도 대학 얼른 마치고 군대도 갔다 오고 너의 활동 터전도 마련해야 한다. 물론 결혼도 하고 말이야.

　네 생각에는 휴학하고 자전거 여행하고 네 뜻대로 모든 게 될 것 같지만

　살아보면 생각과 같지 않을 때가 참으로 많다.

　그러니 공부 마치는 데 모든 것을 투자하도록 하거라.

　너한테만 말하는데…

　사실 아빠도 회사 그만두고 대학 강사나 교수로 가고 싶지만, 4년제 대학을 나오지 않아 자격이 없어 가지 못하고 있다.

　아빠는 2년제를 나왔거든.

　아빠 친구나 신문사 선후배들은 4년제 대학이나 대학원을 나와서 회사 그만두면 대부분 대학 교수로 가고 있거든.

　아빠는 그게 부럽다.

　그래서 너한테 그러는 거야.

　너도 버클리 나오고 네 마음대로 활동하다가 나중에 대학 같은 데 교수로 가면 좋다는 거야.

나중에 늙어서 집에서 놀고 있으면 참 비참하다.

너 서울 파고다 공원에 있는 노인들 봤지.

다 젊어서는 일하다가 할 일이 없어 그리 지내는 거야.

엄마 아빠가 엊저녁에 잠도 못 자고 이 생각 저 생각 별생각을 다 했는데,

휴학하지 말고 자전거 여행도 간단히 하거라.

엄마 아빠가 어떻게든 대학은 졸업하게 뒷바라지할 생각이니 돈 걱정하지 말고 공부부터 마치도록 해라.

네 생각에 정 학비가 부담된다면

어차피 군대 갈 것이니 일단 들어와서 군복무 마치고 복학하는 것도 좋은 방법이다.

복학 전까지 학비도 좀 마련할 수 있을 테고 말이야.

네가 외국에 간 후에 너한테 쓴 편지 중에 오늘 쓴 편지가 제일 마음이 무겁구나.

네 생각과 엄마 아빠의 생각이 틀릴 수도 있고 다를 수도 있다.

네 입장에서 보면 네 생각이 맞고, 엄마 아빠의 입장에서 보면 엄마 아빠의 생각이 맞다고 할 수도 있다.

하여튼 엄마 아빠의 기분 좀 맞춰주거라.

엄마 아빠의 생각이 너와 다르더라도 부모니까 그렇다

는 것을 알고 한번 잘 생각해보기 바란다.

지금은 대학 마치고 군에 가고…

그런 게 다 때가 있는 일이지.

헌아,

아무 걱정 말고 공부나 잘해라.

편지해다오.

연락하자.

안녕…

잘 먹고 잘 자…

화이팅!

Re: Re: 자전거와 텐트, 기타 그리고 유럽

보낸 사람 | **rnrhun** <rnrhun@daum.net>
받는 사람 | **wootaekch** <wootaekch@daum.net>

아빠, 잘 지내셨지요?

답장이 많이 늦었지요. 이리저리 많이 생각도 해보고 이메일을 써요. 편하게 읽어주세요.

우선 엄마 아빠의 말씀과 기분을 무시하고 어기고, 그러고 싶지 않습니다. 두 분의 뜻을 잘 기억하겠습니다.

음악은 진짜 어렵게 시작한 거고, 또 그거 때문에 엄마 아빠도 고생 많이 하신 건데, 포기하거나 하는 일은 없을 거예요.

남들에게 보여주기 위해서가 아니라 나 자신에게 포기하지 않는다고 보여줄 거고요.

제가 휴학을 하겠다고 한 것은 버클리가 배우기에 좋은 곳임에는 틀림없지만, 저 때문에 집안에 꽤 부담이 되니

그쪽으로의 돈이 절약되면 엄마 아빠도 하고 싶은 일을 좀 더 하실 수 있을 거고……

음악은 평생 갈 거예요. 어떤 모습으로든.

자전거 여행에 대해 말씀드릴게요.

우선 이 여행의 목적은 혼자 낭만을 즐기러 가는 게 아니고, 사람들에게 도전의 영감, 할 수 있다는 용기를 주려고 하는 거예요.

옛날에는 자기가 하고 싶은 것이 있어도 억누르고 남들이 원하는 것, 다수의 요구를 수용해야 했는지 모르겠습니다. 물론 다수의 요구를 수용해야 할 때, 자기를 희생해야 할 때가 있습니다. 하지만 마찬가지로 자기를 부르는 소리에 따라 앞만 보고 나아가야 할 때도 있지요.

제 인생 스물셋의 페이지에 이번 일을 기록하지 못한다면 크디큰 후회와 낙심이 될 것입니다.

가야 합니다. 이미 그렇게 쓰여 있어요.

여행의 이야기들은 사람들에게 영감을 안겨줄 거예요. 남들 눈에 가진 게 많아야 근사한 일을 할 수 있는 게 아니라고, 일단 마음으로부터 시작하면 '스토리'는 만들어지는 거라고 알릴 거예요. 이 몸을 써서 말이지요.

저는 '사람은 스토리를 위해 태어난다'라고 생각해요. 사람마다 각자의 스토리를 피워내기 위해 사는 거라고 말이지요. 사람마다 다른 자기만의 스토리를 재미나게 감동적으로 써서 보는/읽는 이들에게 기쁨을 주고 자기에게도 즐거움이 되어야 하죠.

하지만 남의 스토리와 나의 스토리를 비교하면서 스스로 초라한 마음을 갖는다거나, 아니면 나만의 스토리를 만들어갈 때 필연적으로 수반되는 고통을 피하고자 남들의 스토리 뒤에 숨으려고 하는 때도 많습니다.

텐트와 기타를 챙겨 낯선 곳으로 떠나는 자전거 여행을 통해 사람들에게, 뭐가 많이 갖추어져야 스토리를 쓸 수 있는 게 아니라 지금 자기의 자리 바로 그곳에서부터 써나갈 수 있는 거라고 용기를 전하려는 것이에요.

말은 그럴싸하다만, 학교가 걱정되시겠지요.

고민 중에 좋은 방법이 떠올랐어요!

미국에서 공부하려면 1년에 두 학기를 full time으로 공부해야 하죠. 안 그러면 휴학을 해야 하고요. 그런데 휴학을 하면 졸업 시점이 늦추어지는 문제가 있죠.

2004년에 봄, 여름 학기를 듣고 9월에 여행을 떠나면 내년 4월까지만 돌아오면 됩니다. 돌아와서 여름과 가을 학기를 들으면 휴학을 하지 않아도 되고요. 그러니 엄마 아빠 시름 놓으셔도 됩니다.

언제 한번 저 자신에게 물어보았습니다.

'야, 한 달도 긴데 뭘 믿고 몇 개월씩 자전거에 텐트로 버틴다는 거냐?'

오래 생각해본 결과 저의 대답은,

'야, 지도를 펴봐라. 그리고 유럽 대륙을 봐라. 부르는 소리를 듣지 못하느냐?'

됐습니다. 더 이상 저것에 대해 의심을 품지 않습니다.

한번 지켜봐 주세요. 호주에서 했던 거 이상으로 음악의 열정을 불태우면서 길거리 공연 레퍼토리도 짜고 있고요. 여행하면서 써먹으려고요.

그리고 엄마 아빠 보스턴에 오시면 이번 여름이 좋지 않을까 해요. 오시면 요리도 다 제가 하고요. 여행은 8월 말이나 9월 초에 갈 거니까 그전에 오시든지 아니면 좀 더 일찍 오시든지. 이때는 날씨도 좋으니까 몇 주 쉬시고, 보시고, 느끼고 가시면 좋겠어요.

자전거 경로는,

영국──벨기에──네덜란드──독일──체코──오스트리아──스위스──프랑스──스페인──포르투

갈──(스페인 프랑스 거쳐서) 이탈리아──슬로베니아──크로아티아──(이탈리아 거쳐서) 그리스──이스탄불──불가리아──루마니아──세르비아──보스니아──헝가리──슬로바키아──폴란드──리투아니아──라트비아──에스토니아──핀란드──스웨덴──노르웨이──덴마크──런던──미국 보스턴으로 복학(또는 한국군 입대)하는 순서인데요, 구체적인 도시 방문 계획은 다음에 보내드릴게요.

각 나라 계절별 날씨도 찾아봤어요. 텐트에서 잘 거니까 겨울은 남유럽에서 보내면 되겠더라고요.

> 네 생각에는 휴학하고 자전거 여행하고 네 뜻대로 모든 게 될 것 같지만
> 살아보면 생각과 같지 않을 때가 참으로 많다.
> 그러니 공부 마치는 데 모든 것을 투자하도록 하거라.

정말 하고 싶은 일인데 혹시 상황이 뜻대로 되지 않을지도 모른다 하여 도전하지 않으면 그건 바보라고 생각해요. 겁쟁이고요. 그래서 버클리도 끝내야 하고 여행도 가야 하는 거 같아요.

공부는 배우고 싶고 좋아하고 관심이 있어서 하는 것이지, 다른 것들이 내 뜻대로 되지 않을 때 공부에게 좀 도와달라고 사정하려 하는 건 아니죠. 그때그때 중요한 것을 하는 게 당장의 공부 이상으로 중요하다고 생각해요. 지금은 공부가 중요하죠, 음악이라는 공부가. 그런데 자전거 여행에서는 모든 것이 다 공부가 되고요.

> 너한테만 말하는데...
> 사실 아빠도 회사 그만두고 대학 강사나 교수로 가고 싶지만, 4년제 대학을 나오지 않아 자격이 없어 가지 못하고 있다.
> 아빠는 2년제를 나왔거든.
> 아빠 친구나 신문사 선후배들은 4년제 대학이나 대학원을 나와서 회사 그만두면 대부분 대학 교수로 가고 있거든.
> 아빠는 그게 부럽다.
> 그래서 너한테 그러는 거야.

대학 교수라는 건 멋진 거 같아요. 그런데 꼭 2년이냐 4년이냐로 사회가 제 맘대로 나를 등급 매기는 거 같아도,

적어도 자기는 방법을 찾아보고 자기를 믿어야죠. 가족이라는 든든한 백도 있고요. 정말 하고 싶은 일이라면 자기 PR이든 뭐든 해서 다양한 방법으로 두드려본다면 길도 있겠죠. 경력도 많으신데, 잘될 거예요.

요새는 서른 살에도 교수가 되는 세상인데, 그리고 박사 받아서 교수 되는 것도 있지만 뭐 하나 특이하든지 잘하든지, 아니면 시대가 필요로 하는 무엇을 가졌든지, 그런 사람이라면 대학이든 기업이든 call 하겠죠.

하지만 누가 알아주고 불러주고 대우해주지 않아도 자기만의 삶을 꾸려가는 당당함. 그건 남들의 call이 보장하지 못하는 더 위대한 삶을 이미 소유한 사람이라고 생각해요.

또, 그런 길은 믿음을 가지고 가다 보면 만나는 길이라고 생각하고요.

하여튼 아빠가 아쉬워하실 수도 있겠지만 중요한 것은 지금 아빠는 가족들과 이 순간을 함께 살아가고 있다는 것이고, 살아있다는 것은 내 의지를 쓸 수 있다는 것이죠. 그건 또한 내 앞날을 선택할 힘이 있다는 것이고요. 그러니까 지금이라도 여러 가지 마음에 당기는 것을 해보세요. 저도 조금은 덜 짐이 되어드리고자 하니까요.

오늘 하고 싶은 일을 해야 하겠지만 인생이라는 게 모르는 거라서 혹 그렇게 못 하여 훗날에 그 지나간 일이 아쉽다면, 지금이라도, 아직 숨도 쉴 수 있고 맘먹으면 친구들 불러서 짜장면도 먹으러 갈 수 있고 맘먹으면 비행기 타고 보스턴도 올 수 있는 이때를 사시고 누리시면 좋겠어요. 한번 웃어주면서요.

> 네가 외국에 간 후에 너한테 쓴 편지 중에 오늘 쓴 편지가 제일 마음이 무겁구나.

잠깐 무거울지라도, 무겁기에 이후에는 홀가분해질 수 있겠죠.
걱정 마세요. 모두…… 모두 다 잘될 거라니까요.^^
그럼……
건강하시고요.

Everything's gonna be alright.

꼴찌의 꿈 #4

👤 rnr헌 | 조회 0 | 20:13　　　　　　　　　💬 댓글 0

　버클리에서의 1년이 지나고……

　자전거와 기타, 텐트, 침낭, 요리도구, 성경책 한 권을 챙겨,

　대서양을 건너는 비행기에 올랐어.

　돌아오는 표 없이, 가는 표만 사시고.

　그토록 배우고픈 음악을 맘껏 배울 수 있는 곳을 왜 떠났느냐고?

　그건……

　어떻게 대답해야 할지 나도 모르겠어.

　'그때는 그게 마음에 쓰여 있었다'라는 말 외에는.

　황금보다 값비싼 20대 초의 시기를

　좀 더 치열하게, 좀 더 특별하게 보내고 싶었는지 몰라.

보스턴을 떠나 런던에 도착했을 때는

마중 나오는 사람이 없었고,

도착해서 갈 숙소도 없었어.

신용카드도 없이 핸드폰도 없이,

28만 원만 가지고 있었지.

또 왜 그렇게 무모했느냐고?

이건 내가 대답할 수 있어. 그건……

사람도 의지할 수 없고 돈도 의지할 수 없는 상황을 만들어서

나를 거기에 집어넣기로 한 거야.

하나님이란 분이 진짜 계시고,

나를 향한 무슨 뜻이 있으시다면,

어떻게든 살려내실 거란 덤덤한 배짱 같은 거였어.

내 존재의 허무감에서 오는 근원적 외로움에 대한 나름의 응답적 몸부림이기도 했고.

……

공항에서 나와 박스에 담아 온 자전거를 꺼내 조립했어.

50km 정도 달려 런던 시내 쪽으로 갔어.

정해진 곳도 없이 만나기로 한 사람도 없이,

일단 달렸어.

어디쯤 도착했을까.

하늘이 약간 어두워지려고 할 때

준비해온 종이를 꺼냈지.

런던에 있는 한인교회들의 전화번호를 적은 종이였어.

"안녕하세요, 유럽을 자전거로 여행하려고 온 rnr헌입니다. 혹시 교회 바닥을 내어주시면 교회를 청소하면서 며칠 지내다 갈 수 있을까 합니다. 어려우시면 거절하셔도 감사합니다."

(지금 돌이켜 생각하면, 전화 받으신 분들을 너무 놀라게 한 것 같아 죄송하기도 해. 나의 무모함과 열정이 누군가에게는 어려움이 될 수도 있다는 걸 당시에는 알지 못했어.)

스무 군데 정도 전화한 것 같아.

어떤 이유로든 모두 거절이었지.

(그래도 믿거나 하지 않아. 호의가 호의가 되려면 호의는 요구될 수 없는 거여야 해. 어떤 반응에도 감사의 마음을 갖기로 했어. 그래서, "거절하셔도 감사합니다"라고 한 거야.)

마지막에 전화한 곳 목사님 사모님 부부께서는,

"우리는 영국 교회 건물을 빌려 쓰고 있어서 교회에서는 재워줄 수가 없네요"라고 하신 뒤,

교회당 바닥이 아닌 방바닥 따듯한 집으로 불러주셨네.

1주일 정도 목사님과 사모님의 사랑을 듬뿍 받은 뒤……

비가 보슬보슬 떨어지는 새벽,

'날 좋을 때 출발하라는 건가?' 하며 하루 더 신세 지고 싶어지는 새벽,

몸을 일으켜 자전거와 함께 미지의 길로 나섰어.

그러더니 총 340일이 걸렸네.

최종도착지는 미국이 아니라 한국이 되었고.

현지인들과 현지 한인들의 도움이 정말 많았어.

분에 넘치는 사랑을 받았지. 평생 잊지 못할 은혜였지.

러시아에서 시베리아 횡단열차를 타고 극동항 블라디보스토크로, 블라디보스토크에서는 배를 타고 동해 속초항으로 들어왔어.

거기서 다시 자전거로 미시령을 넘어 부모님 계신 집에 도착했고.

여행하면서 틈틈이 썼던, 만난 사람들 이야기, 몸으로 부딪치며 얻은 이야기들을 정리해 여러 출판사에 보냈어.

한 백 곳에는 보낸 거 같아.

몇 군데서 답장이 왔고, 한 출판사와 합의가 됐네.

책.

이것도 하나의 '도전'이었을까?

고등학교에서 공부 꼴찌를 하던 녀석이 음악도 모르는 주제에 음악에 도전해서 호주로 갔고,

거기서 음악 꼴찌를 했지만 누구보다 열심히 연습해서 버클리음대에 도전, 장학생으로 들어갔고,

다시 무작정 자전거 한 대와 기타 한 대만 가지고 유럽에 도전하고,

이제는 책 내는 일에 도전하는 것이었을까?

(지금 생각해보면, 도전이 성취되는 순간의 짜릿함보다는, 도전할 목표가 있다는 사실 자체 그리고 그걸 위해 삶을 바치는 과정과 경험. 그런 게 가장 좋았던 거 같아.)

곧 출판의 도전도 성취가 될 순간에……

문제가 생겼네!

그때는 책을 내면 그걸 팔아야 한다는 생각 같은 게 별로 없었고, 책으로 자전거 여행 이야기를 해볼 수 있으면 좋겠다는 생각이 전부였는데, 책 낸 뒤 곧 입대한다고 하니까 출판사에서 난색을 표하더군.

책 나오면 강연, 저자와의 만남 등을 활용하는 마케팅을 계획하고 있었대.

여하튼 이후로도 책과의 인연은 이어졌어.

출판사를 하나 차리게 되었지 뭐야.

"끝나지 않은, 너의 아름다운 스토리를 응원해"라고 사인할게!

그러면......

내 이야기는 이쯤에서 마쳐야 할 거 같아.

결론이 뭐냐고?

간단해.

꼴찌도 충분히 재미있는 인생일 수 있다는 게 내 결론이야.

남들 눈에 어떻게 보이는가는 그리 중요하지 않다는 것,

자기 눈에 아름답고 자기 맘에 즐거운,

자기 식대로의 삶을 꾸려가는 길이야말로 중요하다는 것 말이야.

내게 주어진 환경이나 상황을 다른 누구와 비교하지 말고,

바로 그것이 세상에 하나밖에 없는

내 소중한 영화의 작중 배경이라고 상상하면서

(상상이 아니라 실제 현실이지)

그 세계 안에서 아름다운 스토리를 써 나가는 거야.

물론 고생을 사서 하는 때도 있을 거야.

그게 당연한 이야기라는 건 다 알잖아.

그게 없이는 스토리에 감동도 감격도 없어서 아무도 찾지 않으리란 거도 다 알잖아.

그 덕에 사람들이 너의 영화를 사랑하게 된다는 거도 잘 알잖아.

그러니 고생이란 어떻게 보면 멋진 거고, 뜻깊고 아름다울 수도 있는 거야.

아, 이 말을 깜빡했어.

꿈이랑 욕심은 다르다는 거.

꿈은 남들을 위해 내가 잘할 수 있고 또 즐겁게 할 수 있는 일이고,

욕심은 남들 위에 서고자 불타는 마음, 태도, 목표, 노력 등이고.

욕심이 이기적 체질이라고 하면,

꿈은 이타적 체질이야.

이타적이기에 행복을 주는 거고.

욕심의 세상에서,

너 꿈의 사람이 되어주지 않을래?

세상이 그런 말을 철 지난 소리라고

철없는 소리라고 비웃어도,

우리는 그 길로 가면 좋겠어.

그 길은 철이 없기 때문에 사시사철 유행을 타지 않거든.

어느 대학을 나왔고, 월 얼마를 벌고, 집 평수가 얼마고 등등의 숫자보다 정말 중요한 게 있다고 믿니?

중요한 건 우리가 꿈이라는 길로 가는 스토리라고 나는 믿어.

누군가를 위해 내가 잘할 수 있고 또 좋아하는 일을 하는 삶 말이야.

이번에는 너의 스토리를 듣고 싶어.

그럼, 기다리고 있을게.

나의 스무 살이 너의 스무 살에게

rnr헌 ｜ 조회수 집계 중 ｜ 20:40   댓글 집계 중

안녕, 반가워.

나는 스무 살이야.

나의 스무 살이

너의 스무 살과 이야기하고 싶어.

오늘,

스무 살이 넘은 사람은 누구나

한번은 스무 살이었지.

스무 살을 거치지 않은 사람은 없는 거야.

스무 살을 가지지 않은 사람은 없다는 거야.

스무 살의 설렘, 순수, 기대, 희망, 열정, 고생, 고뇌, 두려움, 아픔……

너의 스무 살도 나의 스무 살도 한번은 그것을 가졌었던

거야.

 비싼 옷을 걸치지 않아도 멋지고

 두껍게 화장하지 않아도 아름다웠던 것은

 우리의 스무 살이 순수했기 때문이야.

 어설프고 어리바리한 맛이 있었기 때문이야.

 그때는 타인을 향한 불평과 비난보다

 자기의 꿈과 미래를 찾고자 어려움과 싸워나가던 때였지.

 지금 한번 너의 스무 살 사진을 꺼내서 봐봐.

 꾸미지 않아도 아름답고 멋지지?

 패션은 낡았지만 얼굴은 산뜻하지?

 얼굴이 더 중요하지 옷이 더 중요하니.

 스무 살은 그런 때야.

 옷은 촌스러워도 얼굴은 아름다운 때.

 대단한 일을 하지 않아도

 스무 살이라는 것만으로 이미 대단한 때.

 그렇게 멋지고 아름답던 우리의 스무 살은 이제 어디로 갔니?

 만약 우리의 스무 살이 타임머신을 타고

 우리의 서른, 우리의 마흔, 우리의 쉰으로 순간이동 해

서 현재의 나와 딱 마주한다고 하면,

　우리의 스무 살은 어떤 얼굴이 될까?

　여기……

　너의 스무 살이 지금의 너를 만나면 어떠한 마음이 들지 예상해볼 좋은 방법이 있어.

　어떻게?

　간단해.

　지금 아버지나 어머니를 바라보면 드는 느낌 있지?

　그거……

　바로 그거야.

　사람이 어렸을 땐 몰랐다가 나이가 들면서 부모님 감사한 줄 알게 되지.

　이때 부모님이 사회적으로 대단한 성취를 해서 대단하게 보이는 게 아니지.

　아무리 사회적으로 대단한 사람도 부모님보다는 못한 사람으로 보이지.

　왜?

　부모님이니까.

　부모님이니까, 세상에서 가장 대단하다는 사람보다 더 크게 다가오는 거야.

자기에게는 그런 거지.

아빠의 스무 살 사진이 있어?

있다면 봐봐.

지금이랑 얼마나 다르셨는지.

그리고 나중에 아빠가 되면 알게 되지.

아빠의 옛 사진이 놀랍게 보이리 만큼 지금 쇠하신 건,

나를 먹여 살리느라 스무 살의 멋도 힘도 잃어버린 거라는 오랜 진실,

나의 스무 살을 피워주기 위해 아빠는 엄마는 자기의 하나뿐인 아름다운 스무 살이 시들고 사그라지는 것도 아무렇지 않게 생각하셨다는 그 강인한 진실을 말이야.

너의 스무 살은 그런 시선으로 오늘의 너를 볼 거라고 나는 생각해.

너의 스무 살이 오늘의 너와 다르면 다를수록 더 많이 고마울 거야.

더 많이 미안할 거고.

남들이 대단하게 생각하는 일을 해내서 대단한 게 아니라,

스물에서 서른까지, 마흔까지, 쉰까지, 언제까지……

살아주어서 감사하다고,

있어주어서 고맙다고.

부모님의 숱 없는 백발이

젊은이의 무성한 검정 머리숱보다 위대하게 보이지?

눈물을 흘리면서 말할지도 몰라.

너의 스무 살이 너에게,

힘겹다고 포기하지 않은 그 위대함에 정말 감사하다고 말이야.

……

늦가을 낙엽이 떨어질 때 잠깐 사람들의 관심을 받다가 이내 겨울이 오면서 그 낙엽들이 더 이상 어디에 있는지, 어디에 있기는 있었는지, 사람들이 그런 거에는 아무런 관심도 가지지 않는 것처럼

스무 살의 힘과 아름다움은 세월과 함께 사라지고

점차 흔적도 없이 찾을 수 없게 된다.

너의 스무 살도 나의 스무 살도,

우리 때문에 잃어버린 아빠 엄마의 스무 살도.

하지만 봄이 와!

사랑은 봄을 불러!

그리고 어느덧 푸르른 세상!

아들이 늙으신 아버지를 최고로 자랑스럽게 바라보듯

이

너를 최고로 자랑스럽게 바라보는 너의 스무 살을 기억해.

음......

이것만은 잊지 말아줘.

너의 스무 살에게 오늘의 너는 존재 그것만으로도

이미 '레전드'라는 진실 말이야.

록스타보다 위대한 레! 전! 드!

니가 있어서 좋다면서,

너의 스무 살이 널 보며 환하게 웃고 있어.

고맙다고.

나에게는 영원한 레전드라고.

와, 정말이지 소중한 오늘이야!

그럼,

잘 지내고......

안녕,

나는 이만......

epilogue

너를 아끼고 사랑한 사람들, 생각보다 훨씬 많았어

거의 스무 해 전이다.

스물, 그러니까 이제 '2'로 넘어가야 하는 순간을 전후하여 인터넷 '다모임' 게시판에 올렸던 글들과, 주변으로 주고받았던 이메일을 긁어모아 책자로 만들어 찍은 일이 있다. 독자적인 난생 첫 책의 제목은 초등학교 5학년 때의 내 별명인 『자나 깨나 헛소리』였다.

이후로 아주 가끔 그 책자를 집어 읽었다. 하지만 '헛소리' 쯤으로 치부하고 지나치곤 했다. 점수를 후히 주어야 철없는 시절의 추억 정도라고 생각하면서.

그 뒤로도 몇 차례 더 꺼내어 대강 보았지만, 여전히 단순한 호기심 그 이상은 되지 못했다.

'헛소리'들이 다르게 들리기 시작한 것은 마흔, 그러니까 이제 '4'로 넘어가는 순간이 다가오면서부터다. 현재와의 대비가 뚜렷하게 보였는지, 이때부터는 '헛소리' 안에 담긴 고뇌의 몸부림이 귀 가까이 들려오기 시작했다. 다소 장난같이 보이던 글들도, 스무 살의 중심을 헤아리면서부터는 그것이 장난 이상의, 스무 살에게는 꽤나 진지한 고백이었음을 알게 되었다.

날을 잡고 『자나 깨나 헛소리』를 독파했을 때 먼저 들었던 생각은, 과연 스무 살 이후의 시간을 제대로 살았는가, 하는 의문과 회오였다.

'스무 살의 나'와 '오늘의 나'가 대면한다면, 오늘의 나는 어떤 표정을 지을까?

'스무 살의 나'는 또 어떤 표정일까?

상당히 미안한 마음이 들었다. '더 좋은 너'가 되어주지 못해서 말이다.

나이가 들수록, 시간이 흐를수록, 왜 더 좋아지기 어려울까. 세상 사는 방법도 더 많이 알게 되었다건만, 더 나은 사람이 되지 못하는 것 같아 이상하다.

스무 살 때와 비교하면 현재 가진 게 너무도 많다. 그때는 CD플레이어와 통기타 한 대, 그리고 친구들 몇 놈이면 충분했다.

마흔을 앞에 둔 이때, 더 이상 그때처럼 배를 굶지도 않고 하루에 몇 시간씩 걷지도 않으며 오페라 하우스에서 노숙을 시도한다거나 잘 곳이 없어 PC방에서 엎드려 밤을 새운다거나 하는 일도 없다.

하지만 왜일까,

배곯던 스무 살 그 녀석이 조금은 부러워지기도 하는 것은……

스무 살에는 '어떻게 살아야 하는가?'를 고민해야 했다.

마흔 살에는 '이렇게 살아야 하는가?'를 질문해야겠다.

이렇게 사는 거, 괜찮은가?

이렇게 사는 것의 결론은 어떠하겠는가?

2.

『자나 깨나 헛소리』를 읽고는 추억에 젖어 오래된 이메일들까지 뒤적여 보았다. 그러면서 또 한 번 놀란 것은, 스무 살 언저리에서 호의의 언어가 상당히 많이 발견되었다는 것이다. 악플이 난무하는 세상에서 살다가 스무 살 주변으로 돌아가 보니 선플이 풍부했음을 새삼 알게 된 것이다. 좋게 보아주고 좋게 말해주는 세상, 그건 내게 신기한 세상이었다.

스무 살 이전에는 외모, 소유, 능력으로 서로의 가치를 평가하는 것이 그다지 노골적이지 않다. 친구면 그것으로 된 것이지, 외모나 소유, 능력으로 차별대우하지 않는다. 좀 별스러운 점들도 친구가 되면 그 세계에서는 별문제가 되지 않는다. 엄격하고 까다로운 기준으로 사람을 평가하여 친구로 선별해 받아들이지도 않는다. 어설프고, 어딘가 못났어도 친구가 되는 데 '결격 사유'가 되지 않는, 개방적이고 환대적이며 외적 평가가 지배하지 않는, 우정의 관점에서는 꽤 근사한 세상이었다.

스무 살을 넘어 그럴싸한 '어른세계'에 발을 들이게 되면서부터는 상당히 다른 풍경이 펼쳐진다. 스무 살 이전 세계와 비교하여 가장 큰 변화 가운데 하나는, 아주 당연하다는 듯이 외모, 소유, 능력으로 사람의 값이 매겨진다는 것이다.

스무 살을 분기점으로 이후 외모, 소유, 능력의 잣대로 자기가 점수 매겨지는 경험의 충격과 아픔으로 놀라나, 하지만 이내 그런 세상에도 차차 적응하면서 자기도 이제 그런 기준에 맞추어 세상과 사람을 슬며시 재고 있음을 본다.

그 안에서 살아가기 위해서는 자기도 그렇게 되어야 한

다고 판단하면서, 스무 살은 더 이상 스무 살이 아닌 길을 결심한다. 그런 식으로, 스무 살은 자기도 모르게 스무 살을 상실한다. 사람이 한 살을 더 먹어서 스무 살을 상실하는 게 아니다. 세상에게 순수를 내어주고 대신 숫자로 돌려받는 거래가 시작되면서부터 스무 살을 잃어버리는 것이다.

그러한 거래에서 출발한 이후의 삶이란, 무엇보다 이기심과 욕심이 그 본질적인 특성이다. 그러니, 변변찮고 철없던 스무 살이 그럴싸한 어른보다는 천국에 훨씬 가까울 것이다.

'너무 어른'이 되어버린 듯하다면, 스무 살 언저리에 주변과 주고받았던 편지나 이메일을 한번 열어보자. 순수, 선의, 축복, 사랑이 담겨 있음을 볼 것이다. 스무 살을 향하는 부모님, 선생님, 친구들의 언어는(단, 친구의 경우 겉은 욕과 비속어로 포장되어 있으나, 그 속에는 마찬가지의) 애정과 격려를 듬뿍 머금고 있다. 물론 스무 살 언저리에도 악의의 관계가 있지만, 축복의 언어가 상당하다는 사실 또한 발견할 것이다.

나이 들수록 경험하기 어려워지는, 약육강식의 정글에 적응하며 점차 흐릿해지는, 그러한 대가 없는 축하와 축복의 마음이 스무 살 언저리에는 풍부하게 발견되고, 그 사랑의 대상은 '너와 나'였다. 우리가 다 알지 못하는 축복의 세계가 우리의 것으로 구축되어 있었고, 우리는 함께 에덴을 거닐었다.

스무 살 이후에도 그런 세계에서 살 수는 없을까? 숫자의 높이로 기죽이고 숫자의 높이 앞에 기죽는 천박한 바벨탑을 무너뜨리고, 욕심과 이기심을 본질로 하는 어른세계를 본받지 않기로 하면서, 단지 '너가 너라는 이유'만으로 서로 선대하는 세상은 불가능할까?

뭐, 불가능하라는 법도 없고, 불가능할 것만도 없다. 세계를 보는 내가 바뀌면 나에게 보이는 세계도 바뀌게 될 것이니 말이다. 사람 귀한 줄 모르는 이 세상은 앞으로도 그대로일지 모른다 해도, 적어도 그 세상에 있는 한 사람 나라도 바꾸고자 하면, 거 세상도 바뀌지 않고는 못 배길 터다.

오늘 만나는 이들을 한번 스무 살 이전처럼 대해 보면 어떨까. 우선은 가장 가까운, 그래서 가장 소홀하고 당연하게 생각하는 곳에서부터 감사와 친절, 축하와 축복의 언어를 써 보면 어떨까.

스무 살이 특별한 나이였다고 하면, 그때의 우정과 인간

관계가 어른세계보다 덜 타산적이고, 어른처럼 자기만의 잣대로 선악을 심판하지 않고, 어른과 달리 자기와 다른 존재들도 인정하고 받아들이면서, 가능하면 선한 말, 좋은 행동을 했기 때문이 아닐까 한다.

그러한 아름다움을 나이 들며 잃어버리고 되려 악성이 자리 잡기도 하지만, 아직 살아있는 오늘 다시 스무 살처럼 자신을 한 번 더 조금 더 개방하고, 한 번 덜 조금 덜 계산하는 선을 타인에게 행할 수 있기를 소망한다.

그럴 때 우리의 오늘은 스무 살 적보다 더 깊고 진한 빛을 피워낼 것이다. 그 빛은 돈으로, 지식으로, 권력으로 얻을 수 있는 종류가 아니다. 그 빛은 자기의 스무 살을 돌아보는 성찰과 타인을 귀하게 여기는 겸비로부터 촉발된다. 그러한 '온기 있는 겸손'이란, 오늘이라는 장소에서 얻을 수 있는 가장 높은 아름다움일 것이다.

누구나 한번은 스무 살이었기에,

누구나 오늘 그 빛을 틔울 수 있다.

삶에 치여 정신없이 살며 쌓인 먼지 아래로
너의 스무 살 상자가 묻혀 있어.
조심스레 그걸 열어보면
너의 오늘을 아름답게 장식하는 보물이 나와.

스무 살을 떠나보낸 지 한참이 되었다면
이제는 한 번쯤
너의 스무 살 거울 앞에 설 때어도 좋겠어.

너의 스무 살의 소중함을 새삼 느끼게 될 때,
지금 스무 살들의 소중함도 새로 알게 되겠지.
사람은 서로 아낌으로 산다는 것도.

스무 살, 너는 생각보다 훨씬 멋졌고,
널 사랑한 사람도 네 생각보다 많았다고.
너의 스무 살이 한없이 소중하듯이,
너의 오늘이 바로 그렇게 소중해.

스승님의 추천사 #1

두 번째 스물을 앞둔 저자 rnr헌이 첫 번째 스물 적에 주고받았던 이메일과 인터넷에 올렸던 글들을 모아 게시판 형식의 책으로 특색 있게 엮었다.

현재의 첫 번째 스무 살들에게는 자기만의 꿈을 찾아갈 수 있는 용기를 살며시 안겨 주고, 저자와 같은 두 번째 스무 살들에게는 지금도 꿈이란 낱말을 포기하지 않고 살아가는지 질문하게 한다. 또한, 팔팔했던 rnr헌과 삼삼할 때(서른셋)에 만났던, 이제 세 번째 스무 살을 바라보는 나 같은 어버이들에게는 자식의 꿈을 존중하여 힘을 실어주고 있는지 돌아보게 한다.

독자들은 rnr헌의 다음 이야기를 많이 궁금해할 것 같다.

송재욱(교사, 전 부천동초등학교)

스승님의 추천사 #2

꼴찌 rnr헌의 스무 살 언저리 시간을 잠시나마 함께했다는 것이 나에겐 행운이 아니었나 싶다. 교사와 학생으로 만났지만, 오히려 나에게 가르침을 많이 준 학생이었다. 녀석은 꼴찌 성적표에도 아랑곳하지 않았다. 대신 딥퍼플의 공연 티켓을 구해 즐거워하고, 시험 답지에는 노래 가사만을 꽉 채우던 괴짜 학생이었다.

짧은 교직 경력의 나는 철학도 없이, "철이 든다는 것은 좋아하고, 하고 싶은 것을 하나씩 내려놓는 것이다"라고 아이들을 달래며 이 시간의 중요성을 강조하던 그저 그런 담임이었다. 그러나 시간이 문제가 아니었다. 열정의 문제였다!

이 녀석을 만난 이후에는 아이들에게 당당히 말한다.

"좋아하고, 하고 싶은 것을 찾아라! 찾았으면 후회 없이 미친 듯이 해 보거라!"

한충렬(교사, 송내고등학교)

부록 #1

스무 살을 위한
20대의 꿈 사용설명서

'나'에게 내 '삶'보다 중요한 건 없다.

여기서 '나'란 세상의 모든 '나'들을 말한다.

그래, 너와 나.

남들의 삶이 얼마나 크고 대단하게 보여도,

결국 '나'에게 가장 중요한 '삶'은 나의 삶이다.

삶.

또는 인생.

그것처럼 직접적으로 중대하게 다가오는 게 무언가.

고등학생이 피곤을 무릅쓰고 공부하는 수고도,

20대가 열심히 일해 성공하고자 몸을 사르는 고생도,

좋은 사람 만나 행복하게 살고 싶다는 바람도,

모두 자기 삶을 귀중히 여기기에 그리하는 것이다.

자기 삶을 하찮게 여겨 아무렇게나 최악의 선택을 해나가는 사람은 없다.

나의 삶이 내게 소중하듯이

너의 삶이 네게 소중하기에

사랑에 따라 글을 써 보고자 한다.

20대. 그대의 삶이

희망과 기쁨, 감사와 행복으로 한 뼘 더 차오르기를 소망하는 마음으로 몇 자 적어보고자 한다.

이는, '어떻게 20대를 살아야 할까?'에 관한 질문이다.

그래, 어떻게 20대를 살아야 할까?

'나'는 하나의 스토리다

세상 모든 하나하나의 '나'들은 각자의 스토리를 써내야 하는 존재들이다.

모든 '나' 하나하나는 각기 하나의 스토리로 부름을 받는다.

즉 '나'의 스토리는 나의 스토리다.

다시 말하면, 내가 태어난 곳, 내가 자란 환경,

내가 겪은 일들…… 좋았던 기억으로 남아있는 일들, 후회스러운 일들, 꺼내어 자랑하고 싶은 일들, 가슴 따듯해지는 일들, 가슴 저리게 하는 일들, 지울수만 있다면 지워버리고 싶은 기억까지도……

밉든 곱든 이 모든 것이 세상에 하나밖에 없는 내 스토리의 재료요 재산이다.

그런데 때로 나의 스토리가 못마땅하거나, 맘에 들지 않는다거나, 어떨 때는 불공평하다고 느낄 수도 있다.

나는 이상하게 꼬이고 고생하는 스토리 같다면……

너의 배경에서 중요한 건 '너'라는 인물

그럼 우리 이야기해보자.

스토리에는 인물도 있고 사건도 있고 배경도 있지.

특별히 배경에 관해 우리 이야기해보자.

우리들은 각자의 '배경'이 있다.

그런데 이 '배경'은 좀 역설적인 면이 있지. 좀 이상한 구석이 있다고.

그게 무어냐고?

생각해봐.

많이 가진 집에서 태어나 남들의 부러움을 받으며 살다 죽는 스토리는,

사람들의 사랑은 별로 받지 못해.

사람들이 그런 스토리를 잠깐 부러워하다가도 그걸 오래 기억하지는 않는다는 게 좀 이상하지 않아?

또, 부러움은 받지만 존경과 사랑은 받지 못한다면 그걸 행복이라고 부를 수 있을까?

이와는 다르게, '나는 왜 이런 삶을 살아야 하는가',

하는 고민에 둘러싸여 울고 있는 사람이

자기에게 주어진 무대 위에서 꿋꿋하게 자기 역할을 해 간다면,

그런 스토리는 여러 사람에게 칭송과 기억함을 받지.

또, 많은 다른 '나'들의 스토리를 더 아름답게 하는 영감과 격려의 자양분이 되어주고 말이야.

어떤 면에서는, 당장 눈에 보이는 '환경과 조건'이라는 배경 그 무대가 어려워 보일수록

스토리는 더 짙은 감동과 공감, 존경과 통찰을 안겨 줄 수 있는 조건이 된다는 점은 기억하자.

내가 하고픈 말은,

각자의 상황이 그 자신에게는 가장 소중하다는 거야.

그게 내 스토리의 무대이기에,

나는 내 무대 위에서의 내 역할이 있을 뿐이기에!

그 무대가 한동안 얼마나 진창이든지,

아니면 잠시 남들의 부러움을 사든지,

중요한 것은 그 무대 자체가 아니라,

그 무대 위에 선 내가 어떠한 표정과 대사 그리고 몸짓으로 공연을 하는가! 그것일 뿐이기에.

……

20대에는 그 무대 위에서 스토리를 다양하게 전개해보아야 해.

창의적이고, 독특하고, 기발하고, 좀 말도 안 되고, 무모한 방식도 좋다.

그 여러 경험들이 예상하지 못한 모양으로 서로 맞아들어가면서, 훗날 아름답고 따듯한 옷 한 벌을 지어 줄 거야.

마치, 우리가 시를 읽을 때 은유로 연결된 두 대상이 서로 상관이 없어 보이는 것일수록 더 큰 시적 파문을 마음에 일으키듯이,

서로 상관없어 보였던 20대의 여러 장면들이 30대에 가면 서로 창의적으로 시적으로 연결되면서 생의 소중함이라는 파문을 우리 안에 일으켜 줄 거라고.

그러니 20대에 남들과 나를 동일한 잣대, 하나의 기준, 숫자 같은 점수나 등급 등에 놓고 달아보지 말고,

나는 나라는 것을 기억하기로 하면서,

다만 네가 정말 원하는 일을 너의 식대로 해봐.

내게 의미 있게 느껴지는 일들,

왠지 꼭 해보고픈 일들!

나는 무얼 재미있어 하는가?

남들은 어려워하는데 나에게는 그리 어렵지 않은 그것은 무엇인가?

또는, 그렇게 잘하는 건 아니지만, "너무 좋아서 안 되겠어" 하게 되는 건 어떤 건가?

얼마나 돈이 되는가는 일단 생각하지 않고 다만, '나는 이걸 하면 정말 즐거울 거 같아'라는 분야는 무엇인가?

아직 세상에서 '일' 또는 '분야'라는 정식 이름은 없지만 내 안에서 뚜렷하게 꿈틀거리는 '그것'은 어떠한 것인가?

……

이때, 남들에게 인정받을 정도로 잘하게 되고픈 조급함은 버려도 괜찮겠어.

오히려 20대에는,

의욕을 갖고 이걸 시도해봤는데 인정은커녕 무시와 조롱을 당하고,

저것도 좋을 거 같아서 정말 열심히 했는데 내가 봐도

어설프고,

왜 나는 이렇게 부족한지 절감하고 아파하는 때가 많을 건데,

그거 참 좋은 일이다.

왜?

20대에 그러한 절벽을 많이 경험할수록 그만큼 30대에 더 뛰어난 암벽등반가가 되어 있을 거니까.

벽 앞에서의 시도를 멈추지 않는 20대라면 그걸로 충분한 거라고.

20대는 꿈을 성취하는 때가 아니라,

꿈을 꾸고 꿈을 향해 전진해가는 때니까 말이야.

스토리를 위한 네 가지 제안

각자의 상황과 관심이 다 다르기에 하나로만 이야기할 수 없지만, 그렇다고 이 작은 책에 100가지 경우를 나열할 수도 없으니 내 개인적인 제안을 해본다면,

조금은 뜬금없는 소리 같지만 20대에는 스마트폰보다 책 많이 읽기를 권하고 싶어. 단행본으로 자기가 좋아하는 분야를 많이 읽고, 또한 잘 모르는 분야도 읽어보자.

(너무 뻔한 말이라서 미안하지만, 너무 중요한 말이라서 미

안하지 않을래. 그리고 참고로, 뜬금없는 것이 뜬금없이 놀라운 일들을 이루기도 하지.)

이건 20대에 벌써 대단한 성공을 이루기 위해 하는 게 아니라, 앞으로 남은 긴 시간을 가치 있게 사는 데 길동무가 되어 줄 친구들과 잘 사귀어 놓는 터 닦기로서도 하는 거야.

여기에 더해 20대라고 하는 10년 가운데 적어도 몇 개월은, 가능하면 한두 해는, 한국과는 완전히 다른 세계를 경험하기를 권해.

한국이라고 하는 좁은 우물에 갇혀서 그게 전부라고 여기고 사는 것은 인생 슬픈 일이지.

한국과 전혀 다른 사고 체계와 가치 기준을 가진 세계를 경험해보는 것은 한국에서 태어나 자라면서 형성된 '한국적 정답'의 딱딱한 껍질을 깨는 데 도움을 주고, 그렇게 우리에게 더 넓은 세상도 열어줄 거야.

이것도 사람마다 상황마다 다르겠지만, 이때 가능하면 '잘 사는' 나라들보다는 "어렵다"는 곳으로 가길 권해.

생활비가 저렴하여 한국보다 경제적 부담이 크지 않다는 것은 두말할 필요도 없는 장점 가운데 하나지.

하지만 진짜 중요한 이유는,

위로만 오르려 경쟁하는 한국 사회에서는 좀체 경험하기 어려운, 낮은 곳에서 피어나는 행복을 맛볼 기회가 많으리란 것 때문이야.

그 맛은 한국에 있는 가장 값비싼 레스토랑에서도 맛볼 수 없는 맛이야.

한번 맛본 사람은 잊을 수 없는 맛이고,

그래서 다시 찾게 되는 맛,

이후 인생을 바꾸어 놓는 맛이야.

나와 아무런 이해관계가 없는 누군가의 행복을 위해

내게 가장 소중한 '삶'이라는 것을 그들에게 주고,

그들에게 가장 소중한 그들의 '삶'이라는 것도 나의 삶 안으로 끌어오는,

그러한 삶의 나눔이 인간으로 인간의 의미를 깊숙이 만나게 하지.

그리고 이때까지 했을 여러 경험들은 이 순간 봉사의 멋진 수단이 되어 줄 거야.

그럼 다음 네 가지를 20대의 중요한 과목으로 정리하고 싶어.

1. 책을 힘써 가까이하기

('나 아닌 나'들과의 나들이)

2. 낯선 타문화 배우기

(나의 좁은 세계를 뛰어넘는 확장. '새 정체성'을 얻는 거듭남의 체험)

3. 하나에 꽂혀서 미쳐보기

(자기 분야의 탐색과 실험, 투신. 30대가 되면 사그라지기 시작할 거니까 그 전에 마음껏 누릴 수 있고, 또 누려야 하는 20대로서의 열정)

4. 남을 위해 뜨겁게 봉사하기

(자기를 바치는 결의와 실천에 익숙해짐으로 남은 인생 방향성의 체질 개선)

20대에는 이 네 가지를 이루도록 응원할게.

이와는 또 다른 멋진 제안들도 환영하면서……

단, 동시에 자기를 점검해야 할 점도 네 가지 말하고 싶어.

1. 세상 모든 대답을 가진 듯 말로 행세하지만 몸은 움직이지 않는, 실천이 희박한 독서/지식/배움.

(자기는 몸을 움직이지 않겠다면야 그렇게 하겠지만, 난 추천은 안 해. 배 나오는 건 보고 하면 좋겠는데……)

2. '20대는 날 위한 시간이다!'라면서 여러 경험을 축적한 뒤 자기 안에 쌓아놓기만 하여 자기만족으로 끝나게

하는, 경험을 소모품으로 만들어버리는 허탈한 나른함.

(나르시시스트적 자기 최면은 자기에게만, 또는 자기 주변의 눈꼽만한 세계 안에서만 통용되는 거라는 한계성은 기억해줘.)

3. '나의 꿈'이 상전이 되어 세상 모든 존재들이 나의 꿈을 위해 존재하고 나의 꿈을 위한 희생제물이 되어야 하는 것처럼 자기 꿈을 신줏단지로 만드는 곤란한 감수성.

(꿈은 자기를 남보다 큰 존재로 키운 뒤 남을 위협하거나 남 앞에서 자랑하는 용도의 그런 게 아니지. 꿈은 가장 작게 되기 위한 가장 큰 걸음이니까 말이야.)

4. '부유한 한국이/내가 가난한 너네를 도와준다'는 자세의, 옆에서 봐주기 고통스러운 자기우월감이 함유된 봉사의 질펀한 퇴폐성.

(그런 태도일 바에는 차라리 인생의 실패 또는 자기 자신에 대한 다채로운 실망의 향연에 동참하게 됨으로 삶의 진정성을 깊이 체험하게 되는 편이 자기의 행복을 위해 더 안전할 거야. 봉사할 수 있는 기회를 내게 준 그대에게 감사하기로 하자. 봉사했으니 내게 감사하라고 요구하는 그런 사람이 아니라.)

그런데 현실

물론 당장 먹고살 것도 걱정이 아닐 수는 없지.

실제적인 이야기를 해보자.

"무슨 돈으로 그렇게 한다는 거지?"

그럼 하나씩 따져볼까?

일단, 책을 가까이하는 것에는 따로 돈이 들지 않는다. 구립, 시립도서관만 이용해도 충분하니까.

(세상에서 가장 똑똑하다는 사람도 우리 동네 도서관 1층의 한 칸만도 못해.)

다음으로 하나에 꽂혀서 미쳐보기를 생각해보자.

어떻게 미칠 수 있을까?

아니, 그보다 먼저,

무엇에 미칠 수 있을까?

이때는 '나'가 중요해.

내가 좋아하지 않고서야 미칠 수는 없는 노릇이니까.

내가 미칠 수 있는 일이란 결국 내가 찾아야 할 몫이니까.

그런데 나만의 일을 찾고 그걸 열정적으로 추구하는 데에 있어서 돈이 꼭 결정적이라는 법은 없지?

물론 돈이 있고 없고에 따라 잠깐 영향을 받을 수는 있

지만,

적어도 그걸 시작하는 데에 있어서는 돈 때문에 "못 한다"라고 말할 필요까지는 없다는 거야.

(다들 먹고살 것을 걱정할 때, 우리가 다른 시선과 목표를 갖고 나아간다면 사람들이 보지 못하는 어떤 '틈새'를 발견하게 될 거라 난 믿어.)

이제 타문화 습득과 봉사가 남았다.

일단 봉사는 돈이 들지 않지. 돈을 받고 하는 것이 아르바이트인데, 돈을 받지 않고 해서 봉사니까.

돈을 받아야 하는데 받지 않으니 어쩌면 말이 되지 않지?

20대에는 그러한 '말이 되지 않는' 일들을 많이 해보아야 한다고 나는 생각해.

30대가 되면 우리의 이기심은 더욱 홍건해져서 20대 적보다 손해 보는 걸 더더욱 참지 못하는 존재가 되어 있기 십상이거든.

봉사에는 국내 봉사와 국외 봉사가 있지.

국외 봉사의 경우 삶의 터전을 옮겨야 하고,

국내 봉사는 공부나 일터를 병행하면서 할 수 있고.

그런데 이 봉사를 타문화 체험과 연결시키면,

국외로 나가 몇 개월에서 몇 년 정도 봉사하면서 타문화를 배우고 익힐 수 있겠지.

(타문화의 배움이란, 남의 문화가 더 이상 남의 문화가 아니라 사랑 안에서 나의 문화가 되게 하려 하는 거야. 물론 국내에도 타문화 공동체는 있어.)

팔팔한 20대 청년이 그 황금같은 시간을 떼어 봉사에 바친다는데,

그가 속할 봉사 단체든지 아니면 그 주변 사람들이든지,

가만히 보고만 있지는 않을 거야.

모른 체하지만은 않을 거라고.

후원과 지원이라는 동참 협력이 있을 거라고.

희귀하고 없는 건 용기와 결단을 가진 사람이지, 돈이 아니라고.

(다만 나에게 없을 뿐이지 실제로 돈은 세상에 얼마나 많아? 그런데 돈이란 녀석은, 뜻을 굽히고 자기를 따르는 사람은 노예로 삼지만, 자기에게 굴하지 않고 뜻을 좇아가는 사람에게는 오히려 그의 뒤를 좇고 싶어 하는 특이한 습성을 가졌어.)

혹 남자들의 경우,

'군대도 다녀와야 하는데 이런 봉사까지 하면 20대를

너무 많이 빼앗기는 거 아닌가' 할 수도 있다.

그런데 이렇게 생각해보면 어떨까.

고등학교 졸업하고 대학 1, 2년 다니다가 군대 가는 것보다, 아니면 취업 1, 2년 하고 군대 가는 것보다,

국외봉사를 해보고 군대에 간다면, 거기서 만날 전우들에게 해줄 이야기가 많지 않을까?

한국과 전혀 다른 문화를 경험한 '스토리'를 가지고 군대에 갔기에,

훈련소부터 시작해서 자대 배치 받은 이후까지 만나게 될 많은 이들에게 들려줄 에피소드가 두둑할 거야.

남들은 해보지 못한 나만의 경험을 가지고 있다면, 군대에서의 시간을 멋지게 보내는 데에도 도움이 될 거 같아.

……

이 글을 읽고 있는 분이 20대이든지,

20대를 앞두고 있든지

아니면 20대를 이미 떠나보냈든지,

나의 보잘것없는 이 글이 읽는 분의 삶에 조금이나마 보탬이 되기를 원하는데,

어떻게 될는지는 모르겠네.

나의 말은 한번 듣고 흘려버리면 좋아.

이건 지극히 개인적인 나의 생각이었으니까.

혹 거기에서 들어볼 만한 게 있었다면 다행이고.

중요한 건 너의 마음에 어떤 울림...... 그걸 따라가는 거야.

선한 목소리를 잘 분별하며 따라가기를 응원할게.

그럼 안녕.

마흔의 rnr헌

부록 #2

30대에게 건네는
작은, 마음의 손짓

 먼저, "괜찮습니다"라는 말을 전하고 싶습니다.
 20대에 책을 그리 많이 읽은 것은 아니었고, 딱히 뜨거운 열정으로 살았다고 말할 수도 없을 것 같고, 낯선 세계의 경험이니 봉사의 땀이니 하는 것과도 그리 마주칠 일 없었던 나의 20대였다고 해도, 괜찮습니다. 그런 것들이 다 나와 별로 상관이 없는 상태로 30대를 맞이했다고 해도, 그래도 괜찮습니다.
 20대에 내가 했던 그리 대단치 않아 보이는 일들도 어쨌거나 모두 내 안에 값진 자산으로 남아 있게 되는 것이니까요. 무엇보다, 수고하며 살아왔다는 것으로 충분히 아름답고 위대한 모습입니다. 지금도 분투하고 있는 그대에게 칭송과 응원을 보내고 싶습니다.

20대가 대단한 일을 하지 않아도 빛나는 때였다면,

30대는 대단한 일을 하지 않아도 괜찮은 때입니다.

30대까지 왔다는 것만으로 그럴 자격이 있습니다.

자기에게 "괜찮아"라고 말할 자격 말입니다.

오늘까지 버티어주었으니까,

그것만으로도 고맙고, 또 칭찬받아 마땅합니다.

더 이유를 늘어놓을 것도 없겠습니다.

30대여, 친구여, 괜찮습니다.

충분히 잘했습니다.

오늘까지 고생 많았습니다.

정말 고맙습니다.

큰 것에서 '작은 큰 것'으로

20대가 꿈과 패기의 시기라면,

30대는 소박함과 평범함의 시기가 아닐까 합니다.

이때의 소박함이란 소박함 속 아름다움이요,

평범함이란 평범함 속 비범함을 말합니다.

그런 식으로, 인생의 더 깊은 차원으로 진입하는 때가 아닐까 합니다.

"모든 것을 할 수 있다"는 자신감이 넘치는 20대와 멀어

질수록,

"모든 것을 할 수 있는가? 모든 것을 할 수 있어야 하는가? 내가 좋아하고 잘하는 것을 하면 충분하지 않은가?"
로 바뀌어가는 30대입니다.

곧 자기의 작음을 알게 되는 때요,

그 작음이 '괜찮은 작음'임도 알게 되는 때입니다.

그런데 여기서 '작음'이란 그냥 작음이 아니라,

작음 안에서 그 나름의 '큼'을 보는 시선입니다.

이것만 봐도, 우리가 나이를 허투로 먹은 게 아님을 알 수 있습니다.

작음에서 큼을 보는 시선이란, 그 시선의 소유자를 더 깊은 삶의 의미로 인도하는 통로이니까요.

그러니 그대는 '괜찮아' 정도가 아니라,

상당히 '괜찮은' 사람입니다.

......

아픔을 겪을수록,

시련을 당할수록,

자신에게 실망할수록,

삶을 보는 마음은 깊어지고

작음에서 뜻을 발견하는 눈은 맑아지니,

나이 든다는 것도 꽤 괜찮은 일 아닐까요.

30대의 그러한 눈길은,

산뜻했던 20대의 얼굴이 떠나가는 상실보다 더 큰 수확이라고, 나는 확신합니다.

누가 봐도 멋지고 아름다운 20대보다,

무얼 봐도 멋지고 아름답게 볼 수 있는 30대라면 얼마나 더 빼어납니까.

기뻐하고 즐거워합시다.

새로운 차원의 아름다움으로 들어가는 문 앞에 선 우리이니까요.

먹고살기라고 하는 거룩함

30대라면 먹고사는 문제가 삶의 첫째 관심사로 다가옵니다. 누구나 생계의 고민이 있고, 누구는 생존의 위협을 느낍니다.

일을 해서 생활을 이어간다는 것은 인간 본연의 모습이지요. 무슨 일을 하고 있든지 나의 일이라는 점에서는 자긍심을 갖고, 나의 일이라는 점에서는 자부심을 가져야겠습니다.

먹고살기를 고된 의무로 바라보는 것 대신, 나의 일을

한다는 것만으로 세상 다 가진 주인공처럼 으쓱으쓱하면서 일하면 좋겠습니다.

그런데 우리가 흔히 듣고 또 하는 말은 그렇지요.

"먹고살기 너무 힘들다"라고요.

정말 힘듭니다. 결코 쉽지 않습니다.

돈 벌어본 30대가 그걸 모를 리도, 모를 수도 없습니다.

따라서,

나는 새로운 삶의 방식을 제안하는 바입니다.

돈을 벌어 먹고살기가 힘든 이때에,

돈을 적게 벌어 살기를 제안하는 바입니다.

이는 돈을 적게 벌어도 살 수 있을 정도로 생활의 기름기를 빼는 삶을 말합니다.

큰돈이 들어갈 일을 하지 않거나 불필요하게 새는 돈을 줄이면, 지금 버는 정도로도 어느 정도 살 수 있을지 모릅니다.

큰돈이 나가는 건 아니지만 시간과 물질을 야금야금 갉아먹는 재미난 해충들을 하나씩 정리하면, '적게 벌어 살기'는 한결 가뿐해집니다.

우리는 먹고살기를 위해 태어난 존재는 아니지요.

죽지 않고 살기 위해 살기에는, 우린 너무 값비싼 존재들이고요.

열심히 일하되, 조금 적게 벌어도 삶이 무너지지 않고 유지될 수 있을 정도로 담백하고 가벼운 생활이면 어떨까 합니다.

(물론 사람마다 상황마다 삶의 다른 국면이 있기에, 이건 '대체적으로 그렇다는 말'이지, 모든 사람이 삶을 '그렇게 대체해야 한다는 말'은 아닙니다.)

돈은 쓸 수 있지만 시간을 쓸 수 없는 삶보다는, 돈은 많지 않아도 시간을 자기 뜻대로 쓸 수 있는 삶이 인생의 남은 공간을 더욱 재미나게 채워가게 할 거라고 생각합니다.

많은 재산보다 많은 추억이 행복의 더 큰 자산이 되고, 좋은 집에서 사는 가정보다 좋은 시간을 보내는 가정이 더욱 행복한 것처럼 말입니다.

때로는, 더 잘 살기 위해 조금 덜 일해야 하는지도 모릅니다. 일에 들이는 시간을 줄이고 사람에게 드리는 시간을 늘리기 위하여. 그렇게 해도 삶이 지탱될 수 있을 정도로 담백한 생활이면 어떨까 하는 것입니다.

삶의 비움이 우리의 삶을 더 풍성하게 만들 수 있다는 사실은, 삶의 기술일까요? 삶의 기적일까요?

결혼과 존재의 거듭남

30대에는 먹고살기와 함께 결혼이 거대한 무게로 육박해옵니다. 자의든 타의든 가리지도 않고 옵니다.

20대의 가장 중요한 주제 가운데 하나였던 '나'는, 30대에 이르러 결혼과 육아라는 용광로 속에서 체질이 완전히 바뀌는 거듭남을 겪습니다.

결혼. 세상을 변화시킨다느니 큰일을 이룬다느니 하는 20대의 이상과는 거리가 멀어지는 것 같습니다.

육아. 그렇다고 소소한 취미니 나만의 취향이니 하는 것도 존중되지 않는 삶이라 느낄 수 있습니다.

하루 버티기조차 버거울 때가 있기 때문입니다.

또, 그 버틴다는 것도 겨우 자기와 가족의 목숨을 부지하기 위한, 아무도 상관하지 않고 아무와 별 상관도 없는 삶이라고 느낄 수 있습니다.

그렇게, '나'는 줄어들고 '꿈'은 쪼그라듭니다.

20대가 '나'의 '드러냄'과 '드러남'의 때였다면,

30대는 결혼과 육아를 통해 '나'의 '들어냄'과 '들어감'이 진행되는 때라는 듯 말입니다.

이제는 누군가에게 나의 시선을 넘겨주어야 하는 때,

이제는 내 삶의 주인공이 내가 아니라 나 아닌 누군가

가 되는 때라고 하면……

우울한 풍경이라고 할까요?

씁쓸한 이야기라고 할까요?

30대를 마치고 나니 조금 드는 생각은, 어쩌면 그건 더 넓은 세계로 나가는 통로인지도 모른다는 것입니다.

'나'라는 새장 속에 갇힌 시선에서 벗어나 이제 더 많은 '나'들과 함께 창공을 날도록 부르는 삶의 손짓 같은 것 말입니다.

……

그런데 30대의 결혼과 육아, 이 정도에서 멈추어주지 않지요.

상실만 아니라, 통증도 안겨주니까요.

육체적 정신적 피로와 부정적 감정이 즐거움과 기쁨만큼이나 많이 밀려옵니다.

부정적 감정의 파도가 높이 솟아 밀어닥칠 때,

물에 빠져 허우적대다 짠 바닷물을 마셔서 탈수증상으로 생의 의욕이 빠져나갈 수도 있습니다.

이제, 파도 타는 법을 배워야 할 순간이 왔습니다.

아기가 걸음마를 배우지 않고서는 걸을 수 없듯이,

살기 위해, 살아가기 위해, 배워야 하는 때입니다.

그런데 인간이 위대한 것은,

휘청이며 겨우 자기 자리를 지켰을 뿐인데,

자기도 모르는 순간, 파도를 타고 헤쳐가는 법을 터득하고 있다는 것입니다.

그러다가 어느 순간에는 꽤 멋진 서퍼가 되어 있고요.

sufferer에서 surfer로, 즉

'파도에 휩쓸려 신음하는 자'에서

'파도를 타고 가로지르는 자'로,

그렇게, 고난과 부정적 감정을 축제로 바꾸어 사는 법을 익히게 됩니다.

아픔과 분노가 지나가는 곳에, 축제와 사랑의 기다림도 머무른다니……

그대 마음의 손짓을 통해, 고통의 시간이 환희의 잔치로 옷을 갈아입을 수 있다니……

바야흐로 위대한 삶의 작가가 될 시간은 온 것입니다.

부정적 감정의 뜨거운 파도 위를

'삶을 긍정하는 시선'이라는 보드를 타고 지나는 동안,

그대는 다른 어디서도 얻을 수 없었을, 정제된 최고미를 얻을 것입니다.

그리고 그대가 막아주는 거센 바람 뒤로는,

그대를 쏙 빼닮은 작은 꼬마 친구가

세상 걱정 모르는 표정으로 그대 뒤를 졸졸 따라 파도를 타고 있을 것이고요.

확실한 것 하나 없어 보이는 인생에서 그대는 그렇게,

확실한 한 가지 사실, 즉 그대를 사랑해주고 그대가 사랑하는 사람이 있다는 한 가지 인생의 사실 만큼은 가지고 갈 수 있습니다.

결혼과 육아의 고난이 헛되지 않다는 것입니다.

더 많은 소유 더 많은 가능성

20대와 비교하여 30대에는 여러 종류의 소유가 늘어납니다. 물질이 많아지고, 직무적 능력도 향상됩니다.

일도 더 잘하게 되고 또 일도 더 오래 했으니, 아무래도 재산도 늘고 실력도 느는 것이지요.

이제 이것을 가지고 어떻게 할까요?

아름다운 일을 하려 하면 그렇게 할 수 있는 자원이 늘었습니다.

세상 재미에 빠지려 하면 그렇게 할 수 있는 자원도 늘었습니다.

그러한 30대이니만큼, 세상의 맛을 알려고 급히 뛰어들지는 않기를 우선 부탁합니다.

늘어난 소유를 그쪽으로 소진하는 경험이 반복되면, 이게 행여 삶에 상처와 함정이 되지나 않을까 해서 그러는 것입니다.

마약은 아니지만 '마약적'인 것들의 포화가 30대를 포위해 옵니다.

그런 것들 가운데 종종 인생의 깊은 속임이 있습니다.

재밌고, 의미 있는 것 같고, 특별하고 신나게 해주는 거 같은데, 그게 지나고 보면 별 의미도 유익도 없고 오히려 내 생활만 긁어낸 것으로 나타나는 것들 말입니다.

오락적 재미를 추구하는 동안 야기되는 삶의 질 저하는 나만 아니라 내 주변, 가장 가깝고 소중한 곳의 질 저하까지 가지고 오는 것이 아무래도 사실입니다.

더 좋은 삶을 살고 더 좋은 사람으로 살 수 있었는데, 찰거머리 같은 그 찰나의 재미 때문에 자기와 주변의 삶을 더 높은 곳으로 인도하지 못하게 됐던 경험들 말입니다.

아, 조금 더 좋은 생활을 하였더라면, 나만 아니라 주변까지 더 행복한 삶이 되었을 것이고, 될 것이었는데!

소소하지만 확실하게 해가 되는 함정들이 있다면, 그것과의 적극적인 거리두기가 필요한 30대입니다. 때로는 그 이상의 '잘라내기'가 절실할 수도 있고요.

반대로 생각하면,

이제 마음만 먹으면 아름다운 일을 더욱 많이 해볼 수 있다는 뜻이기도 합니다.

물질도, 한 분야에서의 실력도 늘었으니, 아름다운 일들을 이전보다 더 구체적으로, 실질적으로 할 수 있습니다. 그렇게 할 때 마음에 주어지는 행복감은 어떠할까요.

누군가에게 힘과 도움이 되는 사람으로서 살아간다면, 그가 느낄 삶의 만족과 보람은 또 어떠할까요.

'가능성'이라고 하는, '아직 열리지 않은 문들'을 어느 쪽으로 열어갈지는 우리의 몫입니다. 각 문에서 나올 '다음 장면'이라고 하는 결과들도 물론 우리의 몫이고요.

고로 30대는 매일 투표하는 존재들입니다. 삶의 선택권을 내 손으로 적극 행사해야겠습니다. 더 아름다운 방향, 더 선한 쪽으로 의지를 구체화하는 존재로서 열렬히 말입니다.

중독의 손짓

20대 적과 비교되지 않는 스트레스와 삶의 무게가 30대를 향해 다가옵니다.

삶이 더욱 험악해지는 30대이다 보니 위로와 위안에 더 목마르게 되고, 이는 중독의 길을 넓혀주는 요인이 되기도 합니다.

중독.

그것은 나에게 있어야 할 '너의 자리'를 대체하고자 경쟁하는 손짓입니다.

부지런히 서로가 서로에게 위로와 위안이 되어주어야 할 이유가 여기 있습니다.

'너'가 '나'에게 없을 때 그 빈틈을 찾아오는 것이, 특정 물질이나 행위에 의존하는 중독적 생활이니까요.

우리는 서로가 서로를 필요로 하도록 근원적으로 짜여 있는 것입니다.

외롭게만 있을 필요가 없겠습니다.

친구에게 전화를 걸 수 있고,

외로운 사람의 친구가 되어줄 수도 있습니다.

크고 위대한 일의 성취가 지금 문제가 아닙니다.

한 사람을 찾아가 그와 친구가 되어 시간을 보내는 것이 중요한 지금입니다.

그것이야말로 크고 위대한 일이 되는 지금입니다.

'서로 아낌'이라는 삶의 위로와 위안이 30대를 중독의

늪지대에서 보호해줄 것입니다.

그렇게 30대의 무대를 통과하는 것은 진정한 승자로서의 30대라고 나는 믿고 있습니다.

질 수 없는 다행

30대에는 실망과 아픔, 상처와 분노의 겪음이 잦아지면서, 살고 싶지 않다는 생각이 20대 때보다 강하게, 더 자주 밀려올 수도 있습니다.

단, 완전히 부정적으로 절망만 할 수도 없는 건, 돌아보면 분명 기쁨도 있기 때문이겠지요?

살고 싶지 않은 이유와 꼭 살아야 할 이유 사이에서 수도 없이 흔들리는 30대여, 기억해주기를.

30대에도 여전히,

그대의 삶은 그대의 삶이라는 거.

그대가 아닌 다른 이유로 그대의 삶을 부정하거나 포기해서는 안 된다는 거.

……

사람은 홀로 태어나 홀로 죽지요.

그거 참 다행입니다.

왜냐고요?

태어날 때 사람들이 축복과 기대로 마중해주지요?

죽을 때는 아쉬움과 그리움으로 배웅해주고요?

혼자 왔다 혼자 가는 생이라지만,

그대 한 사람을 위해

반가워해주는 이가 있고

울어주는 이가 있잖습니까.

시작이 반이라고 하니까,

끝이 또 반이라고 합시다.

그럼 그대는 시작과 끝에서 반씩 반씩 해서 하나의 완전한 사랑을 받는 사람인데,

그 정도면,

그 정도면 충분히 괜찮은 거 아닌가요?

이미 충분히 괜찮은 그대여,

오늘부터 남은 일이란,

그대의 시작과 끝 사이를 재미나게 채워가는 하루하루에 있을 따름입니다.

우리는,

어차피 아플 것이고

어차피 슬플 것이고

어차피 화도 날 것인데,

기왕이면 넉넉하게

기왕이면 부드럽게

기왕이면 즐거운 마음으로

하루에 하루씩만 최선을 다하면서,

그걸로만 충분히 대단하게 여기며 살면 어떨는지.

그것만으로도 30대는 성공이 아닐는지, 하는데요.

어쨌든,

괜찮아요.

괜찮습니다.

충분히 잘해왔습니다.

충분히 잘하고 있고요.

응원할게요.

조금은 두서없을지라도 우리들의 스토리는, 지금도 한창 진행 중이니까요.

마흔의 rnr헌

P.S. 나도 30대를 막 지났기에 사실 잘은 모릅니다, 30대가 무엇인지를요. 시간이 흘러 50대가 되면 그때는 30대를 향한 글을 조금 더 잘 쓸 수 있을지도 모르지요. 그럼 안녕.

**나의 스무 살 거울엔
잃어버린 네가 산다**

초판 1쇄 발행 2021년 3월 8일

지은이 rnr헌

펴낸곳 주의 것
출판등록 2016년 9월 1일 제300-2016-88호
주소 서울특별시 종로구 새문안로5가길 3-1 영진빌딩 501-B
전화 02) 2278 - 5578
팩스 02) 2278 - 5579
전자우편 yesupeople@naver.com
홈페이지 http://www.yesupeople.com

ISBN 979-11-969324-3-5 03810
값 13,500원

* 본서의 일부 페이지에는 마포꽃섬 서체가 사용되었습니다.
* 이 책의 내용을 재사용하려면 출판사와 저작권자의 동의를 받아야 합니다.
* 파본은 구입처에서 교환해드리거나 환불해드립니다.